晋商五百年

会馆浮沉

主编 刘建生
副主编 刘成虎

刘成虎 韩芸 编著

山西出版传媒集团
山西教育出版社

图书在版编目（CIP）数据

会馆浮沉 / 刘成虎，韩芸编著. — 太原：山西教育出版社，2014.10
（晋商五百年 / 刘建生主编）
ISBN 978-7-5440-5165-1

Ⅰ.①会… Ⅱ.①刘… ②韩… Ⅲ.①晋商－商业会馆－史料 Ⅳ.①F729

中国版本图书馆CIP数据核字（2014）第055775号

晋商五百年·会馆浮沉
JINSHANG WUBAI NIAN Huiguan Fuchen

出 版 人 雷俊林
选题策划 张沛泓
责任编辑 张 平
复 审 杨 文
终 审 张沛泓
装帧设计 刘志斌
内文排版 史 宁
印装监制 郭 勋 贾永胜
图片统筹 刘志斌
摄 影 薛 菲 王永伟 刘志斌
梁 铭 荣 浪等

特别鸣谢 山西戏剧研究所 北京晋商博物馆
支持单位 北京晋商博物馆 山西省博物院
太原晋商博物馆 山西财经大学晋商博物馆

出版发行 山西出版传媒集团·山西教育出版社
（地址：太原市水西门街馒头巷7号 电话：0351-4729801 邮编：030002）
印 刷 山西臣功印刷包装有限公司
印 次 2014年10月第1版 2014年10月第1次印刷
开 本 787×1092 1/16
印 张 11.25
字 数 160千字
印 数 1—5 000册
书 号 ISBN 978-7-5440-5165-1
定 价 38.00元

康熙皇帝说：“今朕行历吴越州郡，察其市肆贸迁多系晋省之人，而土著者盖寡。”

——《清实录》康熙二十八年二月乙卯条

山西巡抚刘于义上奏说：“山右积习，重利之念，甚于重名。子弟之俊秀者，多入贸易一途，其次宁为胥吏。至中材以下，方使之读书应试。”雍正帝在其奏疏上“朱批”：“山右大约商贾居首，其次者犹肯力农，再次者谋入营伍，最下者方令读书。朕所悉知。”

——《雍正朱批谕旨》，第四十七册，雍正二年五月十二日朱批

在海外十余年，对于外人批评吾国商业能力，常无辞以对，独至有历史、有基础、能继续发达之山西商业，鄙人常以自夸于世界人之前。

——梁启超《在山西票商欢迎会演说词》，1912年

平阳、泽、潞豪商大贾甲天下，非数十万不称富。

——王士性《广志绎》

富室之称雄者，江南则推新安，江北则推山右。

——谢肇淛《五杂俎》

山右巨商，所立票号，法至精密，人尤敦朴，信用最著。

——《清朝文献通考》，卷十八

1888年，英国汇丰银行一位经理甫将离开中国时，对山西票号、钱庄经营人有过这样一段评论：“我不知道我能相信世界上任何地方的人像我相信中国商人或钱庄经营人那样快……这25年来，汇丰银行与上海的中国人作了大宗交易，数目达几亿两之巨，但我们从没有遇到一个骗人的中国人。”

——渠绍淼《晋商兴盛溯源》

······

中国商贾夙称山陕，山陕人智术不能望江浙，其推算不能及江西湖广，而世守商贾之业，唯其心朴而实也。

——清代外交家、首任驻英公使郭嵩焘

······

霭龄坐在一顶十六个农民抬着的轿子里，孔祥熙则骑着马，但是，使这位新娘更为吃惊的是，在这次艰苦的旅行结束时，她发现了一种前所未闻的最奢侈的生活。因为一些重要的银行家住在太谷，所以这里常常被称为“中国的华尔街”。

——罗比·尤恩森《宋氏三姐妹》

······

在上一世纪（19世纪——编者注）乃至以前相当长的一个时期内，中国最富有的省份不是我们现在可以想象的那些地区，而竟然是山西！直到本世纪（20世纪——编者注）初，山西，仍是中国堂而皇之的金融贸易中心。北京、上海、广州、武汉等城市里那些比较像样的金融机构，最高总部大抵都在山西平遥县和太谷县几条寻常的街道间，这些大城市只不过是腰缠万贯的山西商人小试身手的码头而已。

——余秋雨《抱愧山西》

未曾消逝的风华
（代序）

三晋大地是孕育中华民族的热土。距今180余万年前，山西匼河西侯度出现了迄今为止在中国发现的最早的人类。许家窑、丁村、峙峪、北撤……山西几乎保留了旧、新石器时代不同阶段的所有遗存。从那时起，山西曾一度是中华文明的代表。

隋代，雄踞太原的李渊成为天朝大国新的主宰，太原也因此成为大唐帝国的北都。唐代的三晋是一个文化昌达、名人辈出的地方，王维、柳宗元、狄仁杰、河东裴氏……一个个镌刻在青史上的名字，推动着唐代文化登峰造极。当鼎盛的铅华在四起的狼烟中悄然褪尽，宋太宗的铁骑踏过黄河，刘汉王朝灰飞烟灭之后，连年的战火、无休止的争斗，李唐盛极一时的河东文化似乎真的随着太原城那场人为的大火飘零没落了。

有人说，唐代以后的山西乏善可陈，科考不利、文化名人匮乏，山西的文化凋落了，但很少有人注意到，在时代变革、文化演进的浪潮中，山西扬弃旧腐、推陈出新的地域文化特征和独特的文化变迁方式。17世纪以降，在风云诡谲的世界形势中，经济实力成为决定国家兴衰至为重要的因素。当西方凭借坚船利炮不断开拓世界市场、中国依然沉浸在义利之辩中无法自拔时，被梁启超先生“常以自夸于世界人之前”的那些“胡服辫发”的山西商人又一次成为引领时代潮流的群体……时任德国柏林大学校长的李希霍芬男爵曾评价说，山西人“具有卓越的商才和大企业精神，有无比优越的计算智能，有发达的数字意识和金融才华”，因此“中国人好比犹太人，而山西人更像犹太人”。

晋商从默默无闻的引车卖浆者逐渐发展成为“非数十万不称富”的豪商巨贾，纵横捭阖五百余载，足迹遍及大江南北。他们凭着敢为天下先的精神，利用国家政策，抓住历史机遇。他们栉风沐雨，远渡重洋，北至西伯利亚、伊尔库茨克，南抵香港、加尔各答，东到神户、大阪、横滨、仁川，西涉喀什噶尔、塔尔巴哈台，业务涉及盐、茶、粮食、布匹、典当、票号等诸多行业，以独具特色的经商理念与经营艺术，创造了一个个令世人瞩目的商业奇迹。我们山西大学晋商学研究所同仁曾循着晋商的足迹赴东瀛，到欧美，北上恰克图、海参崴收集相关史料。大家无不为昔日晋商“劈开万顷波涛，踏破千里荒漠”的那种艰苦创业、百折不挠的精神所折服。尽管晋商在清末战乱中逐步走向衰败，商业和金融业态的转变使之无法承担起信用制度变迁所带来的庞大交易费用，但他们并没有化作历史的尘埃随风飘逝，其遗留下来的丰富的物质和精神遗产，至今依然影响着我们。

站在平遥、太谷、祁县等古老县城的街道，放眼望去，掩映在夕阳余晖中的是一座座明清晋商的豪宅大院、孕育着郁郁生机的老街，还有那商号店铺的门帘随着进进出出的人们不停地摆动，像少女头饰上随风摇曳的流苏。熙攘而恬静，喧嚣而自然，建筑和人交相融合，很容易让人产生时间上的错觉。思绪的穿越，把我们带回到清代，街面上此起彼伏的吆喝声、票号柜台上眼镜戴在鼻尖上的掌柜、镶满铁钉的大门、被缰绳磨得发亮的花岗石拴马桩……使我们抑制不住钩沉旧事的冲动。

每处遗存都有着自己的故事，每件古物都有着鲜为人知的传说。发现故事讲给世人听，是三晋学人义不容辞的责任。因此，我们会集山西大学晋商学研究所以及经济、历史、教育、体育等学科从事晋商研究的多位学者，捃摭多年研究成果，从晋商盐帮、茶商、典当、票号、镖局、会馆、家族、大院、教育，以及走西口、粮油故道、保晋公司等入手，通过点滴历史事件，深入浅出，图文并茂，向读者展示明清晋商的不同侧面，以期雅俗共赏，弘扬中国传统商业文化。

于山西大学晋商学研究所

目录 MULU

前言

醋味浓凝乡愁，楼宇高望故乡。晋商在各地修建会馆，用“仁、义、礼、智、信、忠、勇”的精神激励着漂泊在外的游子，是对丝丝乡愁的点滴慰藉，也体现了传统文化，体现了晋商的创业精神。透过如今已混迹于寻常巷陌的晋商会馆，我们能感受到晋商曾经的辉煌与荣耀，也能深切地体会到他们的无奈与凄凉。那些历经百年沧桑依然屹立的建筑，尽管残破，尽管落寞，却依然散发着一种魅力，让人情不自禁地向往、追寻。

随着岁月的流逝，虽然昔日晋商匆忙的身影和车马的喧嚣声渐渐远去，但晋商会馆的殿宇楼阁，雕梁画栋，庭院花木，仍在默默倾诉着昔日晋商的传奇故事。流连于古朴厚重而又不失宏伟的晋商会馆，感受宫廷建筑与民间建筑融为一体的风格，对先辈们的景仰之情便会从内心深处升起。

回望历史，我们不得不感叹晋商史诗般的寻财之路，他们告别难舍难分的故土，割舍下哀怨缠绵的儿女之情，走西口，出关外，心怀“天下一家，信义为本”的新理念，开创了天下第一商帮，留下了许多商界美谈，也成就了那些精美的会馆建筑及会馆文化。“会馆之设，所以答神庥，睦乡谊也。”由于共同的语言、风格、趋近的心理文化，晋商们在这里一起聚会议事，沟通信息，维护集团利益，观戏娱乐，举办庆典。会馆是一个流动的“文化站”，它体现和传播了地域文化，促进了技术与文化的发展和共融，就连山西的汾酒也是被晋商传到了山东、甘肃、东北等地，才慢慢地享有盛名。无论古今，人与人是要交流的，行业内部也是需要交流的。会馆建筑是一定历史演进的产物，是民间商行为了促进交流而产生的，其内含的交流与共荣的潜质也是现代商会所应该遵循的。

会馆是中国古代城市中一种独特的公共建筑，其同祠堂一起并称为我国具有特殊功能和特殊性格的两类古建筑，其形制和艺术表现都具有强烈的地方性和民俗性。

“晋商会馆”是明清时期晋商在异地为了互帮互助，寻求共同发展而建立的一种社会组织。晋商在异地建立会馆，最早始于明朝隆庆、万历年间（1567—1620）。入清以后，晋商会馆如雨后春笋般出现在大江南北，分布于国内繁华商埠。晋商会馆的发展，不仅表现在大量新会馆的建立，还表现在其宏伟的建筑规模上。

如今，在几百年前古人创建的晋商会馆里，忙碌的身影不见了。但是留印在晋商会馆里的先人业绩以及对历史的记忆，却已幻化成山西人民一种崇高的创业精神。这种生生不息的拼搏奋斗精神将在中华民族的发展史上熔铸成一座永恒的丰碑，记载着三晋人民的荣耀与光辉。

第一章

商帮载体　应时而生

中国人恋乡思乡情绪极重，他们以生死于故乡为本，虽有时为生计所迫而客居他乡，但衣锦还乡的期盼一直萦绕在游子的心头。游子们在故乡聚族而居，互帮互助，一旦外出则相互照应就成为了一种必然。加之中国传统政府对地方的管理更侧重于自治，导致地方的地域观念很重，土著与客籍的矛盾就不可避免。在此种情形下，为保护其生命财产计，旅居异地的同乡人便依同乡之谊来组织相互救济的团体。

每逢佳节，客居他乡的游子思乡情绪更为浓厚，故引起许多文人骚客油然而发的墨文。这种情愫在山西人中表现得尤为突出，乡土情结至今仍影响着他们的生活和工作选择。

第一节 会馆产生 同乡组织

会馆是同乡人士在京师和其他异乡城市所建立，专为同乡停留聚会或推进业务的场所。狭义的会馆指同乡所公立的建筑，广义的会馆指同乡组织。

关键词：同乡组织 商品经济 社会影响

一、会馆产生渊源考

彭泽益在《中国工商行会史料集》中提到："会馆、公所之设立，果起于何时乎？今难知其确据，然设立之初，不外保商务谋公益为目的。夫以清国之大，南北东西，言语不同，风俗各异，且古来客商，以交通不便之故，羁留于他乡数十年而不返者，比比皆是。然人人各安其业，各得其所，非藉会馆、公所以为保护，能如是乎？故有会馆、公所，不独免异地人民逼迫之苦，又

托运货物准备启程的骆驼和老少赶驼人

鲜官吏压制之忧，然则会馆、公所之利益，诚非浅鲜也。”

会馆是同乡人士在京师和其他异乡城市所建立，专为同乡停留聚会或推进业务的场所。狭义的会馆指同乡所公立的建筑，广义的会馆指同乡组织。何炳棣在《中国会馆史论》中曾提及会馆在京师者设置较早，据现存史料可溯至明永乐年间（1403—1424），较前此一般学者认为的草创时期要早 140 年。京师郡邑会馆最初是同乡仕宦公余聚会之所，逐渐演变成试馆，但始终不免同乡商人参加的痕迹。京师以外的会馆多属同乡工商组合性质，但亦往往有仕宦参加的痕迹。

明中叶以后，中国商品经济发展较快，出现了资本主义萌芽，商界竞争日趋激烈。在激烈的竞争中，旅外同乡深刻认识到“无论旧识新知，莫不休戚与共，痛痒相关”，必须团结同乡仕商，“广其业于朝市间”。（参见《江苏省明清以来碑刻资料选集》）于是他们通过会馆这一组织形式，利用传统的地域观念，把商埠中同乡之人联合起来，互相支持，互相帮助，共同与异域商人竞争。

根据现有典籍，除知芜湖会馆成立于 15 世纪 20 年代，福州会馆最迟建于 16 世纪初外，其他能够确定创建于明万历元年（1573 年）以前的只有北京的歙县会馆、绍兴的稽山会馆和江西的新城会馆。1943 年刊印的《闽中会馆志》列举在北京的福建府、州、县新旧会馆 22 个（这并非该省在京会馆的全部）。这里面除福州旧馆

《中国工商行会史料集》

《江苏省明清以来碑刻资料选集》

创建最早外，汀州会馆创于1587年，邵武会馆创于1606年，延平会馆大约也同时建立。另有延平郡馆为该府纸商所建，虽创建年代不详，但在顺治壬辰年（1652年）已经重修过一次，故能确定其初建于明朝。此外福清会馆为明天启年间（1621—1627）大学士叶向高倡建。同安及莆阳二馆也是创建于明朝。

江西在京会馆最多，方志中所见最早的为新城会馆，创于明嘉靖后期。南昌会馆创建于明隆庆、万历年间（1567—1620）。新建会馆和吉安府因奉祀文天祥而得名的怀忠会馆，创建于明万历前半期。上高和新昌两县在明万历丁未年（1607年）就已因“旧馆湫陷”而重购新址另建。乐平县于1608年“买余干‘会馆’旧址”创建乐平会馆，由此可见余干会馆创建更早。此外袁州府属萍乡县等四邑合建之府馆，鄱阳、德化、高安等县的会馆，也都创建于明季。雍正朝大学士高安朱轼说的“前朝吾乡在京会馆最多”，必有相当事实根据。此外他省郡邑在北京创建会馆于万历朝者，计有浙江嘉兴、湖南常德和山西潞安等府和湖北麻城安徽泾县、浙江金华和陕西三原等县。

以上何炳棣在《中国会馆史论》中的记载足以说明，在16世纪末和17世纪初，南方几省在北京建立会馆的郡邑已经不少，北方则山西、陕西郡邑亦开始在京建立会馆。不过就总数而言，大约过半数的北京郡邑会馆似仍创建于清代。

延伸阅读

明朝十七位皇帝的庙号、名字及年号：

太祖	朱元璋	洪武
惠帝	朱允炆	建文
成祖	朱　棣	永乐
仁宗	朱高炽	洪熙
宣宗	朱瞻基	宣德
英宗	朱祁镇	正统
代宗	朱祁钰	景泰
英宗	朱祁镇	天顺
宪宗	朱见深	成化
孝宗	朱祐樘	弘治
武宗	朱厚照	正德
世宗	朱厚熜	嘉靖
穆宗	朱载垕	隆庆
神宗	朱翊钧	万历
光宗	朱常洛	泰昌
熹宗	朱由校	天启
思宗	朱由检	崇祯

明清时期，山西商人上通清廷，下结官绅，北上西向，东进南下，商路达万里之遥，款项可汇通天下，曾一度执全国金融之牛耳。他们在驰骋全国商界的同时，逐步形成以血缘、地缘关系为纽带的商帮集团。山西商帮集团性加强的标志也在于其大量会馆的出现。

山西会馆遍布全国各工商业城镇。北京由于是封建帝王都城，贵族、官僚、地主、商人最集中，所以山西会馆也最多。至于洛阳、开封、社旗、苏州、上海、汉口等地的山西会馆则规模较大。

清人杭世骏说："会馆之设，肇于京师。"根据资料可以确认，明朝时期全国各地在北京所建的会馆共有41所，其中山西会馆5所，占总数的12%强。它们分别是万历年间（1573—1620）山西铜、铁、锡、炭诸商创建的潞安会馆，山西颜料、桐油商人创建的平遥会馆，天启、崇祯年间（1621—1644）临汾众商创建的临汾东馆和仕商共建的临汾西馆，临、襄二邑汾河以东商人创建的山右会馆。到了清朝，由于京师大贾中山西商人占有很大的比例，故在北京的山西会馆日益增多。关于山西会馆总数，《都门杂记》《朝市丛载》《顺天府志》

北京三家店山西会馆正殿和东西厢房

等记载不一。《都门杂记》记载有31所，占总数324所的9%强；《朝市丛载》记载有38所，占总数391所的9%强；《顺天府志》记载有50所，占总数445所的11%强。由于这三本书的写作年代不同，所以记载会馆数量也不一样。这反映了道光以后在北京的山西会馆无论数量和比重都在增加。清朝光绪年间（1875—1908），尽管有些山西会馆或倒闭或为公所取代，但尚存45所，占当时会馆总数387所的11%强。其中省馆9所，在各省数量中位居第一，占总数61所的14%强，这说明在京晋商的数量之多，规模之大；县馆24所，占总数174所的13%强，也是数量较多的一个，这表明崇商、经商不是个别县府的地方特色，而是在全省范围内已形成氛围；行馆6所，占总数23所的26%，也是数量最多的一个。此外，还有府馆6所。

河南为中州之地，与秦、晋、冀、鲁、鄂、皖等省接壤，为四方交通要冲。晋商赴豫或经河南到江南各地经商者为数甚多，遂在洛阳、开封、社旗、禹州等地广建会馆。洛阳地处河南西部，为九朝古都，是晋商到湘鄂羊楼洞、羊楼司采办输蒙茶叶的必经之地。洛阳现存的两座山西会馆，一座是位于南关菜市东街由山西、陕西两省商人于清康熙年间（1662—1722）兴建的山陕会馆（又名西会馆）；一座是在老城东关西街由山西潞安府（今长治）和泽州

河南洛阳山陕会馆

河南洛阳潞泽会馆

府（今晋城）商人于清乾隆年间（1736—1795）建造的潞泽会馆（又名关帝庙，后改为东会馆）。

开封的山陕甘会馆地处闹市中心徐府街，清乾隆年间（1736—1795）由旅汴的山西、陕西商人集资兴建。清末，甘肃商人加入，遂易名为山陕甘会馆。社旗县隶属南阳地区，清前期已发展成为“北走汴洛，南船北马，总集百货”的豫南商贸重镇。山陕商人“运巨材于楚北、访名匠于天下”，并用骡马从山西驮来烧制琉璃砖瓦的瓷土修建了山陕会馆。该会馆于清乾隆二十一年（1756年）开始兴建至光绪十八年（1892年）竣工，历时136年。

在商品经济发展较快的苏杭地区，康熙皇帝巡幸后曾感叹说：“今朕行历吴越州郡，察其市肆贸迁多系晋省之人，而土著者盖寡。”与北京的会馆相比，苏州、上海、汉口等工商业重镇的会馆更具有鲜明的商业色彩。

开封山陕甘会馆

明清两朝，苏州“为东南一大都会，五方商贾，辐辏云集，百货充盈，交易得所，故各省郡邑贸易于斯者，莫不建立会馆”。苏州现已查明的会馆共有47所，其中山西会馆2所，一所是清康熙六十年（1721年）建的全晋会馆，俗称白石会馆；一所是翼城商人建立的老山西会

苏州全晋会馆大门全景

馆。汉口作为商业重镇始于明朝，兴盛于清朝，所以这里的会馆皆建于清代。据民国《夏口县志》记载，汉口共有27所会馆，其中一所是山陕商人在康熙年间（1662—1722）建立的山陕会馆（又名关帝庙）。上海是近代中国首屈一指的大商埠，共有39所会馆，其中山西会馆有2所，一为清嘉庆年间（1796—1820）创建的山西会馆，一为晋业会馆。

二、晋商会馆之社会影响

建立会馆不仅可以使远在异乡的行商得到家乡同行的帮助，巩固自己的经济利益，还可以带动会馆所在地区的经济发展。

《乡土之链——明清会馆与社会变迁》

活跃于边疆贫困地区的商人建立会馆可以使这些地区的商品经济得到发展。王日根在《乡土之链——明清会馆与社会变迁》中记载在甘肃兰州府治下皋兰县有山陕会馆、浙江会馆、江南会馆、江西会馆、豫章会馆、两湖会馆、四川会馆、江南新馆、广东会馆。在辽东，江浙闽广来的商人纷纷在各沿海海口建立会馆，如《山

修复后的南宁秦晋书院部分建筑

海钞关榷政便览》载："三江会馆香资银十二两，福建会馆香资银八两，山东会馆香资银八两。"这表明三个会馆共同支撑着一个事业。在辽东沿海的港口，通过会馆形成山东帮、福建帮、广东帮等，从而控制了东北与关内的海上贸易。在台湾，闽粤移民比较集中，故这里有泉郊会馆、厦郊会馆、汀州会馆等。在广西，清雍正年间（1723—1735）梧州府容县有江苏、浙江人在此经商，南宁府城沙街，有山西、陕西商人在此建立了秦晋会馆（或称"秦晋书院"），安徽商人在此建立了安徽会馆。在邕宁，会馆更加集中，浙江乡祠，在城内西门大街。三楚书院，在沙街，为两湖商民所建。江西会馆亦在沙街。二邑会馆，在城西三界坊街，为广东东莞南海商民所建。要明书院，在城西上郭街，为广东高要、高明商民所建。粤东会馆，在城西会馆街。福建书院，在城西上郭街。顺德书院，在城西会馆街，为广东顺德商民所建。钦灵会馆，在城西上郭街。边远地区都因为外地商人的介入被不同程度地牵入商品经济的体系中。

1961 年，经李华先生调查，在北京所存的 55 个商业行会中，山西会馆有 15 个，占 27% 强，其中建于明代者 5 个，年代不详者 2 个，其余 8 个全部为清雍正、乾隆、嘉庆年间（1723—1820）所建。在其他省区的山西商人也大都结成帮伙，捐资建立会馆。上海、苏州、天津、三原、西安、汉口、凤翔、西宁、聊城、阜阳、开封、洛阳、禹州、亳州、归化等全国重要商业城镇几乎无一处没有山西商人及其会馆。

由此可见，会馆是离开故土寄寓异乡的经商者们所建立的一种同乡性的行会组织。明清时期，山西商人在江南的经商活动极为活跃。在苏州，山西商人"来苏办货者，向从浦口行进，向来久矣"。大量的山西商人来到苏州，他们不仅遇到人生地不熟、语言交流不便的困难，而且遇到了苏州地区商业竞争越来越激烈的情况。山西商人为了巩固自己的商业利益，于是便广泛联络寓苏晋商，共同协商，合力对外。而会馆，就是山西商人们交流商情、联络感情的重要场所。

延伸阅读

清朝十四位皇帝的庙号、名字及年号：

太祖	爱新觉罗·努尔哈赤	天命
太宗	爱新觉罗·皇太极	天聪/崇德
世祖	爱新觉罗·福临	顺治
圣祖	爱新觉罗·玄烨	康熙
世宗	爱新觉罗·胤禛	雍正
高宗	爱新觉罗·弘历	乾隆
仁宗	爱新觉罗·颙琰	嘉庆
宣宗	爱新觉罗·旻宁	道光
文宗	爱新觉罗·奕詝	咸丰
穆宗	爱新觉罗·载淳	同治
德宗	爱新觉罗·载湉	光绪
（无庙号）	爱新觉罗·溥仪	宣统

第二节 建造考究 特点鲜明

分布于全国各大商埠的晋商会馆，一般都规模宏大，建造考究。它们一般都经历了不同的发展阶段，并随着会馆功能的日臻完备，日益壮丽恢宏。下面从不同的角度对晋商会馆的特点进行总结。

关键词：商业性强 地域明显 规模宏大

一、商业性强

晋商会馆创建之初就是为商人服务的，带有明显的商业性质和社会组织的性质。通过晋商会馆山西商人彼此联结起来，互相提携，互相帮助，形成了一个纵横连接、网络贯通的地缘性商业集团。

从会馆最初创建的目的看，一般主要是为了供流寓异地的商人借寓之用，以及存放货物，类似于“同乡商人招待所”。明人沈德符也说：“京师五方所聚，

青海西宁山陕会馆

其乡各有会馆，为初至居停，相沿甚便。”可见，会馆最初是招待同乡商人食宿和存放货物的“客栈”，为同乡商人解决初来乍到、人货无所依归的现实困难，体现“同乡相恤”的情怀。只是到了后来，客商在流寓地落地生根，繁衍生息，人数日益增多，贸易日益展开，各种矛盾日益尖锐，为整合这些发展中出现的问题，才使会馆逐渐增加了管理、协调、仲裁、联谊、保障等功能，会馆作为对流寓异地的同乡商人进行管理的社会组织的性质才日臻完备。

但晋商会馆却不完全相同，其创建之初就是为商人服务的，带有明显的商业性质和社会组织的性质。明代山西人在北京创建的五所会馆中，潞安会馆、平遥会馆、临汾东馆、山右会馆均为商人所建，只有临汾西馆一所为仕商共建。清代以来，商人建立会馆的现象更加突出。清代北京的晋商会馆都是由不同地域的商人所建。《创建晋冀会馆碑记》记述了初设会馆的原因：“历来服官者、贸易者、往来奔走者不知凡几，而会馆之设，顾独缺焉……虽向来积有公会，而祀神究无专祠，且朔望吉旦群聚类处，不可无以联其情而冷其意也。”社旗山陕会馆石碑刻记载：“社旗店，四方客商集货兴贩之墟，原初，码头买卖行户原有数家，年来人烟稠多，开张卖载者二十余家”，“商贾辐辏，而山陕之人为多，因醵金构会馆，中祀关圣帝君，以帝君亦蒲东产，故专庙以祀加虔，其余金则缮廊芜，岁时伏腊，同人展廊，评议公事，咸在乎是”。

延伸阅读

沈德符(1578—1642)，明文学家。字景倩，又字虎臣，嘉兴(今属浙江)人。万历四十六年(1618年)举人。祖及父皆以进士官京师，幼承家教，故德符自幼习闻故事。中年南返，搜集两宋以来的历史资料，撰《万历野获编》，万历以前的朝章国故、里巷琐语，无不备载，并保存了一些有关戏曲、小说的资料，介绍了明代的社会风俗民情，自成一家言，为研究明代史的重要参考书。后人曾辑录其中的戏曲资料编为《顾曲杂言》。

社旗山陕会馆献殿、大殿，为会馆主体建筑

归化城的“行社”也是不同地域、行业的商人所建立。因此，从创建者的身份可以看出，晋商会馆建立的目的比较单纯，商业性质明显，主要作为商人自己的活动场所。

可见，山西商人为维护既得利益，巩固已获得的商业阵地和某些行业的垄断地位，彼此联结起来，互相提携，互相帮助，形成了一个纵横连接、网络贯通的地域性商业集团，其表现形式就是商人会馆。

二、地域明显

晋商组建会馆以地域乡土关系为主，甚至把毗邻的陕西商人也包括在内。

地域性是晋商会馆最基本的特点。它的形成与我国封建社会政治、经济乃至文化传统密切相关。清人徐珂在《清稗类钞》中认为“设馆舍以为联络乡谊之地，谓之会馆”，“商业中人醵资建屋，以为岁时集合及议事之处，谓之公所，大小各业均有之。亦有不称公所而称会馆者”。再从河南洛阳的山陕会馆、潞泽会馆，北舞渡的山陕会馆和社旗的山陕会馆捐资碑刻可以看出，字号不限大小，捐资不论多少，行业不分贵贱，身份不问高下，各号量力而行。绸布商、杂货商、铁货商、油商、烟商、钱行等都包括在内。因此，可以说晋商会馆具有明显的地域性特点。

晋商会馆的设立大体上可以分为以下六种：第一是由两个或两个以上省份的商人合建的会馆，如河南北舞渡、社旗等地由山西和陕西两省商人合建的山陕会馆；第二是以一个省为基础建立的，如北京山西会馆、苏州全晋会馆等；第三是由几个府合建的，如河南洛阳的潞泽会馆；第四是以一个府为范围建立的，如北京的潞安会馆、临汾东馆；第五是由几个县合建的，如北京的临襄会馆；第六是由一个县建立的，如北京

延伸阅读

《清稗类钞》是关于清代掌故遗闻的汇编。记载之事，上起顺治、康熙，下迄光绪、宣统。全书分九十二类。书中涉及内容极其广泛，举凡军国大事、典章制度、社会经济、学术文化、名臣硕儒、疾病灾害、盗贼流氓、民情风俗、古迹名胜，几乎无所不有。

湖南湘潭北五省会馆

清康熙时由山西、河南、甘肃、山东、陕西北方五省旅居湘潭商人集资合建

河北鹿泉铁行会馆

的洪洞会馆、浮山会馆等。

晋商地域会馆有时还兼具行业性的色彩。因而，同乡和同业通常是不能截然分开的，如山西平遥商人在北京经营颜料业，建立以地域命名的平遥会馆，但由于其成员主要是经营颜料的商人，后来也就以颜料行会馆直接命名了。河北鹿泉铁行会馆是由明清两代在获鹿经营铁货生意的山西商人集资而建的。临襄会馆实际上是由临汾、襄陵两县经营油盐粮生意的商人建立的，潞安会馆实际上是主要经营铜、铁、锡、炭等矿产品的潞安商人的会馆，河东会馆是山西经营烟草生意的商人修建的，等等。这说明晋商会馆实际上是地域性和行业性相统一的商人组织，只是其行业性的特点仍然是以地域性为基础和前提的。

三、规模宏大

各地的晋商会馆往往都是随着晋商实力的增强而不断扩大的，当晋商发展为“执中国金融之牛耳”的十大商帮之一时，晋商会馆的规模也就可想而

河南社旗山陕会馆春秋楼遗址

知了。

首先，会馆建设过程充分展现了山西商人前赴后继、坚韧不拔的精神。因会馆建设工程浩大，所以常常经数代商人的不懈努力，方能最终落成。河南社旗山陕会馆，清乾隆二十一年（1756 年）初建春秋楼，嘉庆六年（1801 年）设修主体建筑悬鉴楼，道光元年（1821 年）竣工，规模初成，历时 60 余年。咸丰七年（1857 年）毁于战火，光绪元年（1875 年）重建，光绪十八年（1892 年）始成，历时 18 年。前前后后共经历了 137 年。开封山陕甘会馆始建于清乾隆年间（1736—1795），道光四年（1824 年）扩建卷棚，道光五年（1825 年）添修牌坊，同治三年（1864 年）修后道院，光绪八年（1882 年）增修东西两庑、钟鼓楼，光绪二十八年（1902 年）又在大殿后增建春秋楼。据道光十五年（1835 年）《东都山陕西会馆碑记》记载，洛阳“城南郭外有山陕西会馆一区，创自康熙雍正间。计什一之盈余，积锱累铢，殆经始十有余载而后成功……嘉庆中，雨风剥蚀，颇有倾颓，两省之人惧其湮废，重葺而新之，经营又廿余年”。河南周口的山陕会馆，康熙三十二年（1693 年）初建关帝庙，到咸丰二年（1852 年）大修方告完成，历时约160年。

其次，从会馆建设的资金来源看，会馆建筑宏大，所费不赀。因而，会馆一方面是由官僚士绅捐助，据《藤荫杂记·卷六·东城》载："尚书贾公，治第崇文门外东偏，作客舍以馆曲沃之人，曰乔山书院，又割宅南为三晋会馆，且先于都第有燕劳之馆，慈仁寺有饯别之亭。"此贾公为贾仁元，字西池，山西万泉人，嘉靖四十一年（1562年）进士，曾任兵部左侍郎，协理京营戎政，克经筵官。贾氏任京官时宅第在崇文门外，曾辟宅南为三晋会馆。

但会馆毕竟是同乡商人的共同事业，创立资金的主要来源是同乡商人的摊派捐银。例如《新置盂县氆氇行六字号公局碑记》中记载各号捐资情况："义兴号出银五佰叁拾陆两五钱，永兴号出银五佰贰拾玖两叁钱，大成号出银肆佰叁拾叁两玖钱，大顺号出银肆佰伍拾叁两，义成号出银壹佰柒拾陆两。"河南社旗山陕会馆，乾隆四十七年（1782年）《创建春秋楼碑记》镌有捐资商号423家，耗银7 916.03两，行业有粮、粉、花、油、醋、枣、席、铁、瓷碗、琉璃、木、皮袄、衣、染、炮、杂货等。洛阳的山陕会馆，依旧式重新修整，"计赀凡二万五千有奇"。在该会馆院中有一块捐款碑，上刻有652家商号的捐资数额。乾隆二十一年（1756年）洛阳潞泽会馆《关帝庙新建碑文》记载："洛阳城外东南隅之关帝庙，建自潞泽商人崔万珍等，规模宏远，状貌巍峨，极晕飞鸟芽之奇观，穷丹楹

延伸阅读

明清时期，中国大地上形成了晋商、徽商、秦商、鲁商、闽商、粤商、宁波帮、洞庭帮、江右帮、龙游帮等十大商帮。其中以晋商和徽商规模最大，实力最为雄厚，纵横商界500年，最后却在清末，被宁波帮后来居上，取而代之。

洛阳潞泽会馆《建修关帝庙潞泽众商布施碑记》

刻桷之伟望，捐金输粟，取次成功。”乾隆二十四年（1759年）《建修关帝庙潞泽众商布施碑记》记载了参与集资的商人商号及其捐银数额。这种集腋成裘的尺积寸累的集资方式，把会馆与同乡商人的利益联系起来，突出表现了会馆商人集团所有制的性质。

晋商商帮的建构，是通过会馆这一媒介实现的。商帮是在明清商品经济发展的大背景下出现的新事物，它标志着商人开始以群体力量参与竞争。而会馆组织的建构和发展，是贩运商人通过“笃乡谊，祀神祇，联嘉会”的文化纽带以及“利”“义”的契合实现群体整合的过程，同时也是商人在自我建构和发展过程中把社群认同和国家象征结合起来的结果。

晋商是明清时期全国最有影响的“十大商帮”之一。地缘关系是商帮认同和整合的重要纽带。为了在远离家乡的城镇立足并建立自己的商业据点，晋商在其活动范围内均建有自己的会馆。会馆成为晋商在异乡托足、建立乡帮势力最可凭借和依赖的力量。晋商在整个区域市场网络体系中从事贸易，从一个点到另一个点，从一个城市到另一个城市，他们均依靠会馆，并得益于会馆。明清社会经济的大发展与晋商商帮的构建及会馆的形成和发展密不可分。

第二章

会馆渊源　商业印迹

晋商商业集团性加强的标志也在于其大量会馆的出现。晋商正是以这些会馆为依托，拜关公，崇忠义，团结乡人联合发展，缔造了彪炳青史的商业帝国。

据介绍，从1656年到1888年的200多年里，晋商在全国各地一共建了500余处晋商会馆。伫立在丝绸之路上的张掖山陕会馆、古运河畔的聊城山陕会馆、东北海上贸易港口海城的山西会馆、世界历史文化名城开封的山陕甘会馆，还有在蒙古和俄罗斯遗留的晋商会馆……

第一节　会馆缘起　商业呼唤

会馆最初多建在大都市里，是官员们为在同乡中实现互助互卫的目的而设立的。后来，商人们效仿他们，也建立起自己的会馆。商人们通过会馆这一组织形式，利用传统的地域观念，把商埠中同乡之人联合起来，互相支持，互相帮助，共同一致与异域商人进行竞争。因此，会馆的产生和发展有着深刻的商业印迹。

关键词：缘起　商业　竞争　商业功能

一、会馆设立的商业印迹

有专家提示，最早的晋商会馆是约建于明中后期的由山西平遥颜料商在北京建立的颜料会馆，该会馆清乾隆六年（1741 年）《建修戏台罩棚碑记》称："我行先辈，立业都门，崇祀梅、葛二仙翁，香火攸长，自明代以至国朝，百

北京平阳会馆外景

北京平阳会馆位于北京市崇文区前门外东侧小江胡同，由山西平阳（今临汾）及周边诸县在京的商人出资兴建。始建于明末，改建于清嘉庆七年（1802 年）

有余年矣。”按清乾隆六年（1741 年）上溯百余年，当为明代万历后期至天启初年这段时间。

又《临襄馆山右馆财神庵三公地重修建筑落成碑记》载：“吾乡自前明，即有山右会馆。”清乾隆三十二年（1767 年）《重修临汾东馆记》载：“临汾为山右平阳首邑，其立馆于京师也，自前明始。”（以上均见李华《明清以来北京工商会馆碑刻选编》）可见，晋商至少在明代中后期就已经在北京设立会馆了。有人认为，商人，以利为生，赔本的买卖能少干则少干，能不干最好不干。因而，自古以来，商人就被百姓形容成无利不贪的“奸商”，将之与“奸臣”“奸人”画了一个大大的等号。但是，山西商人却有自己的见解，他们认为经商是最直接的生存之道，是高智商、有勇气的人才能做的事。从山西商人的发家史看，经商并不完全是一件令人愉悦的事，几代晋商饱尝了常人难以想象的苦难，晋商文化曾用浓重的笔墨记录了晋商累积资本过程中充满血泪与艰辛的脚步。从遍布半个世界的晋商会馆，我们不难看出，曾经靠天吃饭、对家乡无限眷恋的山西人，一旦离开了自己的故土，就已经决定“好马不吃回头草”。他们走西口，下江南，从北疆的千里冰封到西域的大漠风沙，从南海的炎炎酷日到江淮的梅雨侵蚀，男人横尸郊野，妻儿翘首企盼，红的血，白的发，写尽了人世沧桑。人类历史的车轮，是靠人的双手去推动的。说到底，山西商人也是人，是有血有肉的凡人，在追逐利益最大化的同时，他们也需

晋商驼队行进在沙漠之中

要精神上的寄托，那么，晋商在几百年的经济活动中，用什么来体现自己的精神追求呢？晋商会馆的设置，可窥一斑。

二、晋商会馆之商业功能

晋商会馆是由特定地域的商人或商号结成的松散的社团性的组织机构，是来自同一地域的不同商号的商人的叙语之地，在聚会议事、沟通信息方面发挥着重要作用。

北京的山西票号在章程中阐述并规定：之所以设立商会就是为了联络同业之间的情谊，沟通信息。中国商业历来都是同行业的人竞争而已。一个人的智慧毕竟是有限的，如果同行商人能经常聚集起来集思广益，通力合作岂不是能达到更好的效果。《重修山陕会馆碑记》记载："创建会馆……以叙乡谊，通商情，安旅故，洵为盛举。"可见，会馆的一个重要功能是通商情，作决策。清光绪年间（1875—1908），归化市面沙钱横行，严重影响了当地的经济秩序。归化城十五社与外十五社负责人联合起来，在听取各方信息、建议

泰安山西会馆

后，决定在三贤庙内设立交换所，让人们以同等重量的沙钱换足制钱，并将沙钱熔毁，铸成铜碑一块，上刻“严禁沙钱碑”，碑文中写道:“如再有不法之徒仍蹈故辙，禀官究治，决不宽恕。”（详见孔祥毅《金融贸易史论》）

延伸阅读

沙钱是指质地粗劣的小铜钱。一般为民间私铸，流通性不高。

在北京的山西商人所创立的临襄会馆《油市成立始末缘由专事记载碑记》载:“油市之设，创自前明，后于清康熙年间（1662—1722），移至临襄会馆，迄今已数百年。该馆极宏敞，可容数百人，最宜建为商市。然实因管理得人，苦心筹划，力为布置，用多数之金钱，成宽阔之地基，使同行无不称便，实为吾油市之幸。油市成立，距今数百余年，履蹈信义，弊端毫无，足证当初定法良善。”河南泌阳山陕会馆在修筑会馆时已充分考虑到贸易的需要：“祠内宽畅，两厢均有回廊，以为买卖摆物置棚之所。”河南周口山陕会馆，馆前是一个牲畜市场，占地约十五亩，在周口地区很有名，该会馆内许多地方，原先都开有商业店铺，人们在瞻拜关帝之余，顺便可以逛逛市场，买点东西。河南社旗山陕会馆当时建造时，虽用地吃紧，但仍自街面后退数米，邻街建店铺，招商开店营业，使会馆成为当地的商业中心，时至今日仍保持着这种市场格局。这些足以说明工商会馆本身就是为商市而设立的。

工商会馆的资金运作使会馆直接进入市场营运。工商会馆的资金分为常年经费和临时经费两种。常年经费来自本籍商人、学徒所缴纳的会员费；临

河南周口山陕会馆飨殿右侧面。该会馆内许多地方，原先都开有商铺

时经费来自各商号的捐纳银两或对过往商品所抽取的厘分。这些集腋成裘的资金，数量很可观，常常在维持会馆日常开销后，有大量结余。清同治年间（1862—1874），甘肃布政使恩麟在给朝廷的奏章中就指出："陕甘富商巨贾，在川贸易各属地方，公建陕西会馆，历年积有会底银两，核拨一半，借供兵饷。"这说的基本是实情，如汉口山陕会馆，结余的会底银两数量就十分巨大，该会馆仅春秋楼开光一项各商号捐银就共计249 066.8两，而常年支出才每岁"银110两，钱2 033 600文"。这些会底银两常常被会馆经营者运作起来，投资生利，使会馆与市场直接联系。其投资方式有三：一是投资本帮商号，分取利润。会馆将会底银两作为投资，与本帮商号合资经营，使接受投资的本帮商号成为会馆的"领东掌柜"，由会馆按时提取赢金。其著名者如新疆乌鲁木齐最大的国药店"凝德堂"就是由乌鲁木齐的陕西会馆会底银两投资支持的，它每年带给会馆的收入，亦属可观。二是存号取息。如青海西宁的山陕会馆规定，加入会馆的商号"每家要交会馆银24两，并规定本银不交会，仍存在本号营生，但每月按本银之数，每两交纳二分半的利息"。三是购置街房，出赁收租。如汉口山陕会馆《纪产续置》记载："会馆重建，较前壮观，以房租之收入，供会馆之所出，终岁沛然而有余……仅将续买浮屋六所略录姓名，价值基地五段，改置市屋，照契详录。"该会馆每年仅房地产收入就高达"银964.3两，

延伸阅读

凝德堂老药店，开业于清光绪三年（1877年），距今已有100多年的历史了。它是乌鲁木齐市天山区至今尚存的最古老的中药店。1876年左宗棠率40万大军入疆收复失地。当时军中人畜所需药物严重不足，甘州（今甘肃张掖）总号李姓老板得悉这一情况，遂派人来乌鲁木齐开设凝德堂分号。开业时为"宁德堂"，相传与道光皇帝的"宁"字相讳，被官方查封年余，后来总号和分号将"宁"字均改为"凝"字，遂沿用至今。开业之初，凝德堂亦代加工马药，嗣后业务逐渐扩大，又兼营中药材、中成药，还为患者开方配药，并沿袭长安派"雷公"中草药配制方法。"马药方剂"手抄本至今尚留有85种。

汉口山陕西会馆众商观艺图

钱 828 900 文”。这里“改置市屋，照契详录”是会馆直接进入市场运营的有力例证。佛山《山陕会馆碑记》也有“与众房客修补……应杂项支银”的记录。凡此均说明，工商会馆在明清之际，本身作为市场主体，进入市场运营，其市场化因素明显。

同时会馆也是定期的集市。由于山陕会馆多祭祀关羽，遂成为当地的著名庙宇。每年关羽诞辰或其他祭祀日，会馆均举办大型庙会活动，会馆遂转化成为定期庙会集市，成为当地农村资源配置的重要手段。其著名者如下：河南泌阳山陕会馆“每年九月有大会，百货灿陈，商贾鳞集”，其县令倪进明写诗记叙当时的交易盛况：“千年广厦群回廊，百货喧陈大会场；自惜祠基传水府，于今庙貌壮西商；摊钱估客居成肆，入市游人浆列行；最是城西逢九月，开棚九日醉梨殇。”山西浮山县山陕会馆，因“浮邑地处僻壤，商贾不通，购置货物甚艰……十月初六日，南门外关帝庙……逢会，召集远近商贾，鬻诸般货物，邑人称便焉”。河北阳原县山陕会馆“庙会……六月中旬举行，均以售百货为主……所演之腔，乃山西北路梆子，与蒲陕大调大同小异，偶演秦腔，声悲音锐”。湖北随州“王恕园关帝庙有庙场香会，积陈百货，互相贸易”。乌鲁木齐陕西会馆“过会像庙会一样……卖小吃的、卖零星物品的商贩……水泄不通”。而最有代表性的则是河南许昌八里桥山陕会馆。该会馆在八里桥关帝庙，据该会馆清代碑刻《移集呈稿》记载：“阖保只有一集，旧址在半坡铺，向属西路差役催管，因买卖不成，同治初年议请迁于七里店……数年以来，生意日渐淡薄，近则生意全无……重修关帝庙宇，鸟革翼飞，金碧焕然，而河中客商之船亦接踵而来，于是阖保居咸欲将集移于八里桥上。”八里桥遂成为许昌著名的集市。

日本笔者仁井田升在 1942 年曾向北京油酒醋酱业同业公会常务董事张攀曾（山西临汾人）作过采访。其有关油市记录摘抄如下：

问：会馆与油市关系?

答：会馆同时是油市场地。

问：油市开业时间?

清康熙年间（1622—1722），张家口大境门外正沟驼市

答：新历双日上午 8 ～ 10 时。

问：卖何种油？

答：香油、花生油、豆油、麻油、芝麻酱。

问：货从何处来？

答：从山西来。芝麻则从安徽、山东、北京、湖北、奉天（沈阳）来。

问：油市肇始于何时？

答：康熙时。

由上可知，这种会馆内设油市的形式，一直从康熙时延续到 20 世纪 40 年代。

另外，有的会馆可以直接转化为市场。典型的如河南正阳的山陕会馆，1935 年后转化为粮食贩运市场。河南方城县拐河镇的山西会馆后来也转化为粮食市场。湖北当阳的山陕会馆在会馆的后面逐渐形成了市场，推动了当地经济的发展：“市井中货迁服贾者大多来自远方，侨居既久，各建祠宇以为恭桑敬梓之地，耸翠流丹，足令山川增色矣。旧志止山陕、江西会馆，兹推而广之，附于古祠之后，亦见商贾辐辏，为民物滋丰之一助也。”汉口山陕会馆的附产马王庙市，“先由庙僧及骡市骡店经营……后由汉阳县断归西会馆”，成为当地著名的骡马市场。

第二节　会馆业律　市场管理

在重农抑商的中国古代社会，政府对于商业行为的约束是极为有限的，因此商人自发组织了会馆，并通过制定行规业律，规范市场行为，维护市场的正常运作。此外，会馆还行使着商务仲裁的作用，对不正当竞争的行为有惩戒的权利。

关键词：行规业律　商务纠纷　赋税征收

一、维持市场秩序

在众多山西会馆中，有两样神圣的供物。一是为人所共知的关公像，另外一个圣物很奇怪，是一杆“官秤”。

官秤

雍正初年，由山西人把持的河南社旗市场上衡器混乱，经当地几个行会协商约定，统一戥秤，并立石为凭，“犯此者……罚戏三台。如不遵者，举秤禀官究治”。这便是官秤的由来，很显然，“官秤”并非官方所定，而是晋商自己“公议”而定的。官者，公也。商人做生意需要一个稳定的市场环境，为了公平买卖，杜绝大秤进小秤出，众晋商“戥依天平”，维持整个晋商的信誉。如果其中偶尔出现害群之马，便“举秤禀官究治”，充分发挥了会馆维持市场秩序的作用。

明清时期，会馆对市场秩序的整顿作用，主要表现在以下几个方面：

第一，工商会馆通过制定行规业律，规范市场行为，维护市场的正常运作。规范市场行为，维护市场秩序，本身是明清工商会馆设置的目的之一。

清代河南南阳山陕会馆《重兴山陕会馆碑记》就强调，会馆的基本功能是“叙乡谊，通商情，安旅故”。北京前门外山西商人设立的颜料会馆在《颜料行会会馆碑记》中也指出，设立会馆的目的就是为“诸货之有行也，所以为收发客装，诸行之有会馆也，所以为评论市价”。而“通商情，安旅故”，“评论市价”说到底是为了维护商人的正当利益，保证商务活动的正常进行。对此《鄞县通志》中有一段精彩的议论：“我国民众之有团体，盖滥觞于商贾。商贾以竞利为鹄的，垄断饮羊自周已然。而同行嫉妒一语亦为口头禅。于是其中有翘楚者，知己相倾轧，必致两败俱伤也！乃邀集同行设立行规，相约遵守，俾有资则均沾，有害则共御……建造会馆，或设立公所，以为同业集谊联欢之所，公举董事主首掌理评议经济之诸务。”另一论及会馆的作者同样指出，设立会馆，制定行规无非是为了“淬毅力以结合，订约言以互遵，始能相维系，不蔽不渝，以收敬业乐群之效”。这里的“敬业乐群”就是指会馆通过制定行规业律，规定会员的权利和义务，把同籍商人整合在一个相对稳定的团体之内，建立起有效的商业秩序。因此，流寓异域的同帮商人，通过在会馆集合众议，共同制定或修改本帮行规业律，并刻碑勒石以志不忘，就成为会馆最基本的功能。各地会馆现今保留着大量关于行规业律的碑石，就是这一功能的真实记录。

如湖北应山县陕西会馆《公议布帮条规》，

陕西紫阳北五省会馆行规碑

就对本帮各布商收布区域、价格、开市时间、布匹规格、运作程序做了详细规定："一议各行买布庄首，务必斟酌认真办理，门面客行名声重任非浅；一议该处买布，设有公厂，均至块地出桌，不准移埠……公择吉期，议定时价开庄；一议公议庄码价目，开庄之后就于逐月朔望两日，齐集公所，斟酌起跌，不准私行开价。"这些行规虽然有限制竞争、垄断市场的性质，但却有力地限制了不正当竞争行为，保证了布市的正常运转，有利于商品经济的发展。

再如河南社旗山陕会馆雍正二年（1724 年）刻立的《同行商贾公议戥秤定规矩碑记》就详细记载了制定戥秤规则的原因是"社旗店，四方客商集货兴贩之墟，原初，码头买卖行户原有数家，年来人烟稠多，开张卖载者二十余家"，商务发达后，竞争激烈，个别行户行为扭曲，"其间即有改换戥秤大小不一，独网其利"。为了促进市场公平竞争，维护市场正常秩序，使"同行有和气之雅，宾主无踈戾之情"，同行商人齐聚关帝庙公议"秤足十六两，戥依天平为则，庶乎较准均匀者，公平无私，俱各遵依……更换，犯此者……罚戏三台，如不遵者，举秤禀官究治"，为使规则合法有效，"同众禀明县主蔡老爷，发批钧谕，永除大弊"。河南舞阳山陕会馆也定有行规并立碑记载："买货不得论堆，必要逐宗过秤，违者罚银五十两……不得在门外拦路会客，任客投至，如违者罚银五十两……每年正月十五日演戏，各家俱有齐备，如有违者不许

延伸阅读

戥秤作为一种小型的杆秤，是古时专门用来称量金、银、贵重药材和香料的精密衡器，是我国古代度量衡发展史上的一朵奇葩。因其用料讲究，做工精细，外观精美，形似如意，寓意"称心如意"，也被当作一种品位非常高的收藏品。公元 1006 年，宋朝内务府主管刘承珪研制出可精确称量的小型杆秤，即历史上第一杆正式以"戥秤"命名的杆秤。随着戥秤的生产工艺不断改进，至明清时期，戥秤的制作工艺达到顶峰，该时期制作的戥秤工艺精良，用料考究。清末由于社会动荡，戥秤逐渐衰落。

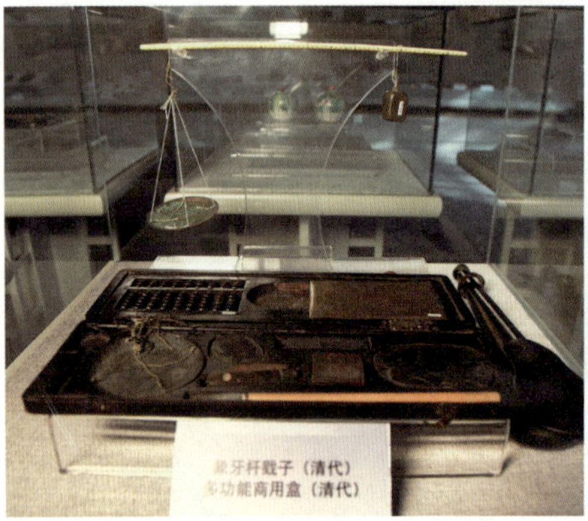

象牙杆戥子及多功能商用盒

晋商老照片

开行。”充分显示了会馆厘定行规，在整合市场秩序中的作用。

第二，在中国封建社会，官府重农抑商，认为市井之事乃小人之习，不屑与闻，因而对市场运作采取放任态度，对商务纠纷采取民间私法的形式进行裁决，而不诉诸公堂。因此商法不发达。商人地位卑微，自惭形秽，心理残缺，亦视官府衙门为畏途，不愿惊动和乞怜官府。这种重农抑商体制所造成的官商之间的隔膜，使得会馆成为介于官商之间的中介组织。对内，会馆代官府立言，行使商务纠纷仲裁权利。同业商人发生纠纷，先由行头解决，不服，方由会馆会首裁决，又不服，才“送官究办”。会首成为市场正义的化身。常常是会首一语，远胜官府判词。违反行规，由会首主罚，从罚钱到罚唱戏和永不准入行等。对外，会馆代表同籍商人的共同利益，与外帮商人或官府进行周旋，处理商务争执，以免会员孤单软弱受人欺负。这样，会馆整合了官府与商人、本帮商人与外帮商人的关系，使商人的正当利益得到了保护，发生商务纠纷“理有所伸”，违反行规“错有所纠”，保证了市场的正常运行。工商会馆成为商务纠纷仲裁机构，是中国传统商人智慧的体现。这套商务纠纷仲裁程序，既节省了商人诉诸法律的诉讼成本，又减少了官府的政务。以中国商人特有的温和方式解决争端，无非罚饭一桌，罚戏三台，既减少了商人之间的人际摩擦，买卖不成仁义在，又充分表现了东方商人讲究人际和谐的机智。

这可以从陕西丹凤船帮会馆所存的《铅铜脚价古例碑记》中得到说明。该碑记载：“龙驹寨距省四百一十七里，实系秦楚咽喉……铅铜之运 ……朝

陕西丹凤船帮会馆

廷旧例，凡铅一运，记数三十五万斤，每五十斤为一块，三块一驮，一驮百里，给纹银二钱，四百一十七里共给银八钱三分四厘……其于民也不谓不厚也”，后因个别奸牙为利润所驱使，“讵意奸行……鲸吞归己”，其中尤以张善文“万恶横恣，飞扬影撤……而且给钱而不给银”，以致众脚夫“狼狈含冤”。为整饬市场秩序，朝邑、咸阳、蓝田等众驮客集聚会馆，呼吁对张善文进行制裁，并由会馆代表众骡客“蔓延诉讼”，迫使张善文将侵吞的银两吐出来，“依照从前以银钱各半，由张善文交行内给发”，并立碑二石，“俟后之豪杰英俊，匡我不逮者兴甚”。如芜湖山陕会馆，最初在范罗山右护国寺，称为“秦晋会馆”，后与山东商帮发生矛盾，在官府的调停下，在严家山下重建山陕会馆。这说明会馆在仲裁商务纠纷、协调商务矛盾方面起了不小的作用。

第三，在异地经商的山西商人也常在经营上采取步调一致的做法。通过会馆，他们协议出许多行业共同遵守的规定，如卖剩下的货不能在三个月内跌价，不得在人家店内勾引客买货，违者要予以惩罚。

由上可知，行会是商业活动的仲裁机构，它扮演着执行自己制定的商业条规的角色，从而使商业争讼受到严格限制，如某一行会的行规写道：“本会共同议定：凡本会成员之间所发生的钱财方面的争端，均应服从本会仲裁，在仲裁会上将尽最大努力就争端达成一项满意的协议。如果证明双方仍无法达成谅解，可以向官方上诉；但是，如果原告（上诉人）直接诉诸官方，而不是首先求助于行会，则其将受到公众的谴责，而且，其以后再求助于行会之事，将不再受理。”这表明行会不仅有权裁决财务纠纷，而且对于行会成员之间一般性纷争也具有调停的职能。

行会会规中还有所谓“联合抵制”的规定：凡会员被逐出本会，或一当地商号为其同业所逐之后，所有与其往来之关系均将中止。若有本会其他成员继续与其交易往还，一旦察觉，无论其处于同情或友谊，皆罚银百两。

在清代，除了政府外，“行”通常可以作为商事登记的主管机关。从刊刻于同治八年（1869年）的上海县为鲁班殿事宜归官匠朱炳石经管告示碑中看来，“行”不仅对已在行内报名的工匠进行管理，“并查外行别业亦在经造房屋者”，

延伸阅读

鲁班，中国古代建筑工匠。相传姓公输，名般，亦作班、盘，或称“公输子”“班输”，春秋时鲁国人，故通称“鲁班”或“鲁盘”。曾创造攻城的云梯和磨粉的硙。相传曾发明多种木作工具。被后世建筑工匠、木匠尊为“祖师”。

晋商议事图

要求他们“来殿请领行单，务使一律入行，不致行规紊乱”。

以苏州酱业为例，当时，由于未曾注册的酱店常常“代牌营私，偷造酱货”，且质量低下，以致整个酱业的声誉大为受挫。同行遂于同治十二年（1873年）创建酱业公所，规定所有经营酱业者必须在公所登记以便于管理。商事登记的这种民间自我管理方式，直至民国时期（1912—1949），在那些不为政府所注重的行业仍然存在。例如北京的油业，从康熙年间（1662—1722）临襄会馆成立以来，都是自主经营，行业自行管理，所以，民国初年，为了防止未注册挂号的商铺混杂其间，扰乱市场秩序，公同议决，特制标章，以便于贸易时佩戴，没有标章的不得进行贸易。由此可知，所有经营油业生意之商人，都应该（到会馆）“挂号”——进行商事登记，得到“特制标章”——入市的通行证。

又如刻于1931年的《北京皮箱行祖师庙碑记》载：“康熙二十八年（1689年）三月二十八日成立合行团体皮箱行公会……后辈从孙，世世相守。”在中国法制已经进入近现代历程后，该行业仍然以行规的形式来调整有关商事登记关系——包括职业者入行和徒弟入行、行业内的养老问题等。需要指出的是，出于商人自治的规定其强制性程度显然不如出于国家法律的程度高，但对于清代绝大多数普通商人来说，毕竟是国家法律远而行业规定近在身边，且经营者出于自身利益的考虑，并不希望“市内秩序紊乱”而往往乐于服从。

二、征收商费

明前期的中国，杂税繁多，对于商业税的征收，各州县显然无力独担，这就需要凭借一系列的中介机构来完成。

费正清在谈及传统中国的行政时指出：“中华帝国有一个不可思议的地方，就是它能用一个很小的官员编制，来统治如此众多的人口。”原因在于“政府统治的活动可以区分为两类：一类是往下只到地方县一级官员的正规官僚机构的活动，另一类是由各地缙绅之家进行领导和施加影响的非正规的网状系统的活动”。中国传统社会中“家”之概念下的宗族、乡族、会馆等组织成为国家政权统治的补充。以赋税征收而言，各州县官显然无力独担赋税征收的任务，必须凭借一系列的中介机构。如清代巴县的八省会馆在赋税征收中扮演的重要角色，主要表现在以下几个方面：

（1）厘金

厘金创设于清咸丰六年（1856年），为镇压太平天国革命而征收的杂捐，是地方兵勇的主要军饷来源。四川当时由绅商设局，凡市埠买卖货品，按值每两抽取6厘，由牙行代收，月总其数，上交于局。然后再汇解到川东道库，称为“老厘”。咸丰九年（1859年），云南李永和、蓝朝鼎起义，四川省积极备战。川东道道台王廷植同重庆府

延伸阅读

太平天国是中国清朝后期，由洪秀全所建立的政权，前身为1843年创立之“拜上帝会”。1851年建号太平天国，1853年建都天京（今南京），曾占领长江中下游地区。至1864年天京陷落止，计存在14年。

聊城山陕会馆南碑亭中现存四通石碑，左二为《山陕众商会馆续拨厘金碑记》

知府罗升棓、巴县知县张秉堃筹备积谷，便召集八省会馆首事商议，决定于“老厘”应交正税之外，每货 1 两另抽 2 厘，棉每包加抽 2 分，作为积谷之费，称为“新厘”，由行店总抽缴局，按其分送积谷局，随时买进，这些事务全由八省会馆自行管理。历年积谷达 3 万石，八省先后办理平粜 20 余次。

（2）斗捐

巴县自古人多地少，粮食供应一直就很紧张，本地所产的粮食往往不够当地人食用，因此粮食交易就比较频繁。而商人唯利是图的本性使得他们在交易过程中故意减少粮食的分量，以致引起买家的不满，而诉诸官厅。为避免弊端，巴县在市场设立官斗，交易之时，行商须交纳一定的银两或者物品，称为“斗息”。斗捐自开办之初一直到民国初年，都是由八省的绅商进行操办。咸丰、同治年间（1851—1874），巴县发生饥荒，八省绅商又建议政府将所得费用用以冬时施粥，供给饥民，知县予以采纳。于是巴县每年冬月二十日至正月二十日，于朝天、金紫、临江三门外，以粥济贫。

（3）水捐

《蜀道驿程记》载：“抵重庆府巴县治，江中遥望渝城，因山为垒……濒江人家，编竹为屋，驾木为砦，以防暴涨，《水经注》谓江州地势险侧，皆重屋累居，数有火害，结舫水居者五百余家。”据资料记载，巴县自康熙四十五年（1706 年）至 1911 年间共发生过 6 次大火，有时延烧近万家，火势经过

旧时消防器材——水龙

两天才能有所缓解，火灾带来的危害十分严重。于是同治七年（1868 年）巴县知县号召绅民购置水龙，成立水社，这是重庆最早有组织的消防措施。光绪九年（1883 年）知县令城区设立水会，购置水仓、水柜，由绅商集资购置水龙 6 具，招人平时训练。水会由八省绅商轮流管理，会所设于巴县城隍庙，称水会公所。水会办公经费由城厢居民按门籍募捐，每户捐钱 10 文至 150 文不等。光绪二十二年（1896 年），核计水捐存款达银 5 200 两。

延伸阅读

水柜，开挖在河谷盆地、平原洼地的长方形储水塘。

（4）差费

会馆承担一定的官府差遣，是其得到地方政府承认的一个重要标志。作为行帮和官府之间的中介，会馆既要督促行户应差纳税，又要制定一系列差务章程来协调公派差务和行帮商务之间的关系。如巴县船运行业兴旺，差务繁重，以致“每遇大小差徭，毫无章程，纷纷封船，无论客帮已雇未雇，上载未上，藉索难堪，酿祸不息，客商船帮，受累无底”。八省绅商便公议收取差费条规，按照路之远近、船之大小、装载货物的多寡收取差费。如大河帮中叙府帮大船每次收钱 800 文，中船每次收钱 600 文，小船每次收钱 400 文。又如巴县布行差费也是经八省客长公议而收取的，政府对其认可，道光二十八年（1848 年）巴县对布行差务作出规定：“务遵八省妥议程规”，“每布一匹，帮给行户差课钱 1 文，照广布例成法，向买布之人抽取……以作应差之需”。八省客商制定的抽取差费章程解决了官府差务与商帮之间的矛盾。

第三章

瞻仰英灵　答敬神庥

遍及全国的晋商会馆，是晋商进取精神的一种体现。晋商不畏艰辛，北走蒙藏边疆，东渡东瀛，南达南洋。可见，开拓进取、自强不息、不畏艰辛、敢于冒险是明清晋商事业成功的一个重要因素。明清时期关公因信义而备受推崇，因此一个个晋商会馆内都建有关帝庙，都能看到关公像。晋商把对关公的尊崇实实在在地转化成了一代代人的行为准则，即使诚信成为了经商准则。晋商文化研究人士认为，在四大商帮中，只有晋商将本土文化的整体风貌推向了全国。在这一过程中，晋商会馆就是重要的载体，堪称晋商文化之魂。实际上，山西会馆自产生起，“笃乡谊，祀神，联嘉会”就是其最主要的功能，而“笃乡谊”“联嘉会”又是围绕着“祀神”这一大主题展开的。

对于会馆内供奉的神灵，研究者多将其分为乡土神、福禄财神和行业神三大类，但实际上这三者之间并无绝对清晰的界限，大部分山西会馆主祀的关帝就常常具有乡土神和福禄财神的双重身份。

第一节　关公信仰　崇奉老乡

在晋商的信仰当中，关公可能是最具代表性的一个人物。这个三国时代的山西人，为后世中国的多种宗教所推崇。

关键词：关公　同乡　祭奉

关羽字云长，本字长生，河东解县（今山西临猗西南）人。他生前辅佐刘备建立了蜀汉，尽管威震华夏，但他始终是一个凡人，死后因其忠义而得到历代社会各阶层的颂扬。唐宋以来，有关关公显圣的故事，在各类笔记、小说、话本、杂剧中多有记述。关公死后显圣，最初的影响仅限于民间，且被视为阴间的鬼将。到了宋代以后，关羽才被重视起来，佛道两家争相将关公拉入教门。朝廷更是不甘落后，追加封号，奉为神祇。北宋徽宗崇宁元年（1102年）关羽被追封为忠直公，第二年道君皇帝宋徽宗又加封其道教称号为崇宁真君。大观三年（1109年）关羽被封为“武安王”，宣和五年（1123年）关羽又被加封为“义勇武安王”。此后，历代帝王对关羽均有加封，元文宗天历

解州关帝庙

◇ 河南社旗山陕会馆关公夜读《春秋》铜像

元年（1328 年）关羽被封为“显灵义勇武安英济王”；明神宗更是敕封关羽为“三界伏魔大帝神威远镇天尊关帝圣君”；清朝统治者对关羽亦有多次敕封，光绪五年（1879 年）清德宗加封关羽为“忠义神武灵佑仁勇威显护国保民精诚绥靖翊赞宣德关圣大帝”，封号长达 26 个字。

南宋淳熙年间（1174—1189）的《佛祖统记》，将关羽皈依佛门的时间记录为隋文帝开皇十二年（公元 592 年），这一年天台山僧人智颢赴当阳县，夜间见一长髯神人，自称是汉将关羽，为当阳山主，愿作佛门弟子，供护佛法。智颢言于晋王杨广，遂封关羽为伽蓝。

可以看出，宋代以后，关羽已经成为儒道释三教合流的一个标志性人物，无论作为人间虚拟的帝王，还是作为仙家的真君，其人神的地位都达到了历史的顶点。清朝正式把祭祀关公列为国家祀典，而民间对关公的崇拜也得到了不断强化。

清代以来，关公成为城市各行业特别是商业的保护神与财神。事实上，祈求关老爷保佑财源广进只是表象，更重要的是明清以来商业的发展使行业集团（商帮）特别需要一种精神支柱作为其发展的动力。吕威在《财神信仰》一书中提到对于工商业者来说，关公是一种集体文化的象征，对内强调忠诚，对外强调信用，关公身上所体现出来的忠义诚信等品质，可以用来规范当时的经济行为，有助于打破几千年来“无商不奸”的传统观念，重塑商人在人们心目中的形象。

山西商人信用卓著，票号所经营的就是信用，自然对员工的诚信度要求很高。作为关圣人的同乡，晋商对关羽更是推崇备至。散布在全国各地的山西会馆，无一不把关羽作为主神供奉其中。

同福建人奉林默娘为天后圣母，江南人祀准提，浙江人奉伍员一样，山西人也将最具代表性的同乡神灵关羽奉为关圣大帝。作为全国各地山西会馆的主要乡土神，关圣大帝随着山西商人的足迹遍布全国。关帝庙渐渐成为山西商人在各地留下的标志性建筑。

在内蒙古自治区多伦旧城的西南，矗立着一座典型的黄河文化艺术建筑——伏魔宫，它是旅居多伦的山西商人于清乾隆十年（1745 年）集资兴建的山西会馆。该馆是多伦地区的晋商进行结社、议事、集会、娱乐的场所。

延伸阅读

林默娘，传说中掌管海上航运的女神。相传宋福建兴化府莆田人，姓林名默。父母信佛，梦观音赐药而生之。8 岁从师，10 岁信佛，13 岁习法术。宋雍熙四年（公元 987 年）盛装登山石“升天”为神。当地居民于清康熙三十三年（1694 年）立庙奉祀，称“通贤灵女”。宋元明清历代均有褒封，清代封“天上圣母”。奉祀妈祖之庙称妈祖庙或“天后宫”。以莆田湄洲岛妈祖庙为祖庙，天津天后宫、台湾北港妈祖庙为妈祖分灵后的地区性神庙，每年夏历三月廿三日为妈祖诞辰日。

内蒙古多伦山西会馆内壁画，以叙述关羽故事为主

与全国其他地区的山西会馆一样，该馆里面供奉的主神依然是关公。每个月的初一、初五、十五是山西商人进香的日子，这三天，伏魔宫内烟雾缭绕，热闹非凡。每年五月十三日，大戏楼便开台唱戏，一直唱到秋后天凉，到六月十五日多伦庙会期间，会馆内的演出活动达到高潮。在这个戏台上演出的剧种主要是山西梆子，有时也上演河北梆子等，但唯一不准上演的是《走麦城》，因为晋商所祭祀的关公曾经在痛失荆州后败走麦城。

据传说，有一年来自京城的著名花脸马五黑在此唱《走麦城》，刚开台不久就雷声大作，紧跟着便下起了大雨，后台也因此而大打出手，马五黑头上中了一茶壶，险些丢掉性命。山西商人对关羽的信奉和维护由此可见一斑。

东西配殿内的壁画也是伏魔宫内的一绝。整个壁画所描绘的是《三国演义》里的重要片段，以关羽的一生为主线：桃园结义、夜观灯火、大破黄巾军等应有尽有。每一幅画的注脚上都标有商号赞助的银两数目，数目大则画面大，数目小则画面小。

第二节　诸神供奉　祈求佑护

晋商在供奉关公的同时，还根据行业的不同选择其他神同时供奉，这主要包括财神供奉和行业神供奉两种。

关键词：财神　行业神　护佑

一、财神供奉

财神这一意象对于千里迢迢离家求财的山西商人来说尤为重要，民间多认为财神即赵公明，又称赵公元帅、赵玄坛。

山西会馆亦供奉增福财神，如山西临襄会馆的《重修临襄会馆碑记》中就记载："内供协天大帝、增福财神、玄坛老爷、火德真君、酒仙尊神、菩萨尊神、马王老爷诸尊神像。"《三教搜神大全》有增福相公一图，称："李相公讳诡祖，在魏文帝朝治相府事……兼管随朝三品以上官人衣饭禄料，及在世居民每岁分定合有衣食之禄，至后唐明宗天成元年（公元926年　）赠为神君增福相公。"也有世人认为财神即比干。《封神演义》有比干强谏纣王、被纣王剖心的情节，因贫者求财不可得，富者求之越聚越多，所以有人说财神是无心之比干宰相，比干遂成为山西会馆供奉的又一财神。

延伸阅读

邯郸爷其实就是玄坛老爷赵公明，民间封其为五路财神之首，手下有招财、招宝、利市、纳珍四位财神。每年正月十五日元宵节举办的"撞玄坛"，所撞到的财神老爷，就是玄坛老爷赵公明。

《封神演义》又名《封神传》《商周列国全传》《封神榜》。长篇小说。明刊本卷二题钟山逸叟许仲琳编辑，一说明道士陆西星作。一百回。大抵根据《武王伐纣平话》，再参考古籍和传说故事敷演而成。演述商末政治纷乱和武王伐商的历史故事，颇多仙佛斗法的描写，末以姜子牙封诸神和周武王分封诸侯作结。鲁迅《中国小说史略》谓其"封国以报功臣，封神以妥功鬼，而人神之死，则委之于劫数"，"其根柢，则方士之见而已"。

二、行业神供奉

由于大部分山西会馆都是以工商会馆的形制兴建组织的，所以不同行业会馆所祭祀的本行业的保护神亦成为山西会馆所祀神灵体系中的重要组成部分。

铜、铁、锡、炭业崇奉太上老君为行业神。北京广渠门内炉神庵《重修炉神庵老君殿碑记》载："老君之为炉神，于史传无所考。予尝揆以意，或世传道家丹灶，可铅汞致黄白故云尔，抑亦别有据耶。吾山右之贾于京者，多业铜、铁、锡、炭诸货。以其有资于炉也，相沿尸祝炉神。"太上老君是道家创始人老子之号，因其炼丹炼汞有执掌火候之功，所以与火有关的行业包括铸造业和补锅业等纷纷把太上老君视作自己的行业神。而烧砖瓦及制陶业除了供奉太上老君外，还供奉土地爷、山神、牛神、马神等，因为土和山是这些行业的原料来源，牛马则是采料、运输的脚力。染织业崇奉梅、葛二仙。北京前门外山西颜料会馆的《重修仙翁庙碑记》中记载："正殿为真武宫，关圣帝君、玄坛、财神列于左，梅、葛仙翁列于右。"民间一般认为是梅、葛二人发明了染布之法，所以颜料会馆和染坊公所一般都供奉梅、葛二仙。每年四月十四和九月初九这两天，颜料行业和染织业从业者都要对梅、葛二仙进行祭祀，并有饮"梅葛酒"之习俗，以示行业兴旺，后继有人。其他如晋商酿酒者尊关帝和酒仙（李白、杜康、吕祖），酿醋者则尊醋仙翁和水神，茶行供陆羽，等等。

> **延伸阅读**
>
> **太上老君**亦称"道德天尊"。道教对老子的尊称。最早见于《老子想尔注》。《老子内传》："太上老君，姓李名耳，字伯阳，一名重耳；生而白首，故号老子；耳有三漏，又号老聃。"道教以每年夏历二月十五日为老君圣诞日。

除了乡土神、行业神以及财神外，山西会馆往往还供奉有其他护佑神。如火神（火德真君），《重修仙翁庙碑记》载："其东南前院，北殿则火帝星君神也。上应天宿，下荫民生，乡之人得安居廛市。"民间一般都以祝融为火神，据说他本是颛顼氏的后代，名重黎，帝喾（即高辛氏）当政时，官居火正，甚有功，能光融天下，帝喾乃命曰"祝融"，死后为火官之神。

又如金龙四大王，聊城的山陕会馆以及天津的山西会馆内都有金龙四大王神像，与关帝合祀。天津的山西会馆内碑记载："公至会馆内，恭庆关圣帝君、金龙四大王神前，呈供献戏一天，以求神灵默佑，永保平安。"金龙四大王崇拜在中国民间是兴起较晚的信仰，它主要是凭借其漕运河道保护神的独特作用，在明清时期民间信仰中占据了重要的地位。山西会馆的金龙四大王行略碑，体现了山西商人对运河的依赖性。

除了关羽为各行业所共同信奉外，各个行业还有自己的信奉特点。例如晋商行会在归化城的崇祀偶像如下表：

晋商行会在归化城崇祀偶像一览表

社　名	崇祀偶像	行　业
醇厚社	关帝	
生皮社	关帝、黄帝轩辕氏	皮行
镇威社	关帝、黄帝轩辕氏	
仙翁社	关帝、酒仙（李白、杜康、吕祖）	酒饭行
金龙社	金龙四大王	银钱行
结锦社	马王	牲畜行
德胜社	张飞	肉行
药王社	药王	医药行
聚仙社	关帝、酒仙	酒饭行
敬诚社	关帝	
义和社	关帝、黄帝轩辕氏	
钉鞋社	孙膑	修鞋行
纸房社	蔡伦	纸行
马王社	马王	牲畜行
聚锦社	关帝	百货行
净发社	罗祖	理发行
金炉社	老君	铁业行
公义社	鲁班	木业木器行
吴真社	吴道子	油漆裱糊行
六合社	关帝	
合义社	关帝	
成衣社	黄帝轩辕氏	服装加工行
青龙社	财神	
宝丰社	财神	钱行

续 表

社 名	崇祀偶像	行 业
集义社	财神	
平安社	河神	洗皮行
毡毯社	财神	毡行
定福社	财神	
缸油社	财神	
集锦社	财神	当行
福龙社	玉皇大帝	
银行社	金花圣母	票号行
骡店社	马王、火神	骡马店行
义贤社	三皇	
车店社	马王	
敬仙社	梅、葛二仙翁	颜料行
公义茶社	三皇	茶行

不同的神仙信仰，在不同的行业中有着充分的体现。这些神仙的来源，有儒家的，也有佛家和道家的，也有为三者所共有的，还有历史上的一些著名人物。如黄帝轩辕氏、三皇在儒家祭祀范围内；梅、葛二仙翁，河神，玉皇大帝，罗祖等为道教的神仙;关帝则为三教共同供奉的。其他如李白、杜康、张飞、蔡伦等则是历史上的著名人物，由于小说等的描写成为了某一行业的守护神。这些行业神，为晋商的某一行业帮会所信奉，它们具有的共同特点就是诚信。由于重农抑商思想的长期存在，中国古代从事商业的个人或团体，更需要一种能够约束自我、博得消费者信任的有效机制，在相同且封闭的文化背景下，商业组织利用人们的共同信仰，组织起有效的商会组织，有利于商业的发展和整个社会对“商人”的理解和认识。

可以说，会馆商业文化中的祀神文化现象，特别是对关公的崇拜，虽然带有封建迷信色彩，但对于确立商业道德、规范商业行为，弘扬民族精神，具有积极的作用与借鉴意义。

对处于流动中的山西商人来说，会馆神灵成为一种有效的整合纽带。明清山西会馆的神灵祭祀，除了其所承担的部分民间宗教信仰功能外，其社会

山西商人合影

经济整合功能更显突出。

第一，给流寓外地的山西人以心灵的慰藉。

由于排外心理在各地都程度不等地存在，对于地方社会来说，山西商人是外来的，他们本来就不属于这个地方，在重视宗族血缘关系的中国，他们总显得势单力薄，必然会产生心理上的漂泊无依感，那么，向法力强大且是同乡的关帝寻求护佑，以减轻心理上的弱势感，就是一种自然而然的应激反应。

明清时期正是关公文化鼎盛的时期，关公不仅享有统治者的隆重祭祀，在民间的影响力更是达到了空前的程度。各地山西会馆均以关帝为主祀，无疑是很巧妙地利用了关公文化在各地本身已经存在的影响力。有了关帝的护佑，无论山西商人还是当地百姓，都不同程度地改变了山西商人作为客居者在心理层面的弱势地位，而且此时已经成为明清官方正统文化一部分的关公崇祀，无疑也为各地山西会馆的正统性起到了保驾护航的作用。

第二，神灵祭祀成为商帮构建的文化纽带。

山西商帮的构建是通过山西会馆这一媒介而实现的，这个认同的过程是各种各样的人或群体以共同的文化纽带进行自我组织的过程，而这种自我组织在很大程度上则是建立在会馆的神灵祭祀的基础上的。

中国封建社会的中央集权专制制度不允许有任何政治派别存在，但随着商品经济的发展，商业竞争日趋激烈，同乡商人的分散必然削弱竞争力量。

因此，无论是从联络感情出发，还是从经商需要出发，他们都需要一种在政权容忍范围之内的组织形式来加以联结，而以乡土神祭祀为基础建立的山西会馆正是这样一种应运而生的社会组织形式。

赴蒙贸易的晋商

第三，会馆神灵是构建商业伦理道德的重要资源。

会馆所奉祀神灵虽各式各样，但却都是我国古代著名的忠、信、仁、义之士或传说中的有功有德之人，他们是中华民族传统美德的化身。山西会馆通常通过神道助教化，来构建“逐利思义”“诚信无欺”“和气生财”的商业道德和商帮精神。会馆正是借助神的精神威慑力量，增强了商人在神监督下的自我约束能力，警惕“见利忘义”“不仁不义”“损人利己”“独网其利”等邪恶动机的产生,树立起诚贾廉商的商家正气。而关公具有言必忠信、行必笃敬的品格，因此，被民众举为正义的化身，也就在商人会馆中享有至高无上的地位了。

第四，会馆神灵成为带有乡族性质的民间组织的虚拟“共祖”。

王日根教授指出：“会馆是最能反映明清社会变迁的基层社会自我管理组织……会馆已日益明确地具有了‘祀神、合乐、义举、公约’四方面的功能，在整合流动性人口方面发挥了官府一直想有所为而无能为之的功能。会馆的联系纽带基本上是同乡性的，以乡土神作为其组织的神灵支柱，显得具有稳定性和活力。”这实际上弥补了官方管理机构在这一领域的薄弱之处。所以，陈宗蕃说：“夫欲国之治也，必自乡始……吾国治乡之法，一业有一业之规约，一族有一族之规约，一乡有一乡之规约，在外之会馆，亦其一也，规约明则事无不举，规约不明则事无由行。”

商人会馆对违规者多给予经济处罚。与族规相比，其野蛮性与残酷性不明显。纵然如此，行业条规在实践中也起到了与族规类似的作用，成为山西商人群体构建以神灵崇拜为基础的民间“自域”的条件之一。

开封山陕甘会馆大殿内关羽像近景

由上观之，明清时期山西会馆奉祀神灵，具有鲜明的社会整合功能。明清山西商人们通过在其客居地构建以乡土神祭祀为主体的地方性会馆，逐步组建了一个以地缘为基础的全国性的大商帮，其所奉祀的神灵对于流寓他乡的山西商人们具有重要的文化价值，不仅为山西商人们构建了慰藉漂泊感的心灵港湾，而且成为联结彼此的文化纽带，并在与官府以及与客居地人民的关系中担任了协调的角色，甚而因其所奉祀神灵在文化公信力方面的正统地位，逐步得以建立统治者容忍范围之内的“自域”，在山西商人以及之后逐渐成形的山西商帮对外势力的扩展方面起到了不可替代的作用。

第四章

馆庙合一　后世可鉴

意识形态、文化信仰、文化传统、价值观念、伦理道德等构成文化因素。一般而言，随着与一种特定的博弈相关的文化信仰的定型，通过文化得以统一、保持和交流的社会化进程，会实现同一化，并为人所共知。因此，一种文化信仰的特殊集一旦在社会成员中定型，它就具有持久的影响，这种影响可能超越文化信仰得以形成的特殊情境的边界。

由于文化信仰是一个社会的成员所持有的预期，那么当历史改变环境时，它们就会影响该社会的反应。在影响社会制度选择和变迁的诸多因素中，文化不但重要，而且至关重要。因为，政治、经济和社会方面的种种差异，都可以从独特的文化遗产和文化传统中找到根源。

三晋大地是中华文明的摇篮，晋文化与齐鲁文化、楚文化鼎立，构成了中国传统文化的基本框架。在中国传统文化形成的过程中，山西起到了十分重要的作用。山西参与创造了中国文化，并在长期的发展中，形成了山西独特的文化传统，山西人正是在这一文化传统的熏陶下成长起来的。直到明清时期，富庶的山西商人的身上也无处不体现着传统文化的影子。

第一节　馆庙合一　多神共祀

许多会馆本身就是在神灵庙殿的基础上发展起来的，而且会馆祭祀神灵又是以乡土神作为团结凝聚同籍商人的精神纽带和张扬本土文化优势的标志，以激励和支持同籍商人在异地的经贸活动。

关键词：祀神灵　商贸事业　社会背景

一、馆庙合一的形式

明清时期工商会馆“馆庙合一”有两种形式，一是借庙为馆，如湖北随州山陕会馆，“关帝庙在南东关街，康熙中，山西诸商公建……道光初易名山陕会馆”。安徽芜湖秦晋会馆最初在护国庵，后来因为与山东商帮有矛盾，在官府协调下迁移到严家山下定慧庵，易名为山陕会馆。一是建馆为庙，如甘

河南周口山陕会馆，现易名为关帝庙

湘潭北五省会馆大拜殿。殿内暖阁正中内供奉关圣帝

肃康县陕甘会馆，其会馆在关帝庙，“县南六十里之岸镇口……院宇宽广，正厅有关圣帝君全像，右厢房为娘娘殿，左厢房为陕甘会馆，前有戏楼，楼宇辉煌，为岸镇名胜之地”。陕西永寿县监军镇山陕会馆也是“龙王庙，在县南四十里监军镇，乾隆三十二年（1767 年）山陕商民建会馆”。

对于明清时期工商会馆存在的“馆庙合一”现象，我们不能作绝对的理解。因为明清时期的工商会馆是在中国已经出现了市场经济因素的新的历史条件下产生的，会馆的“敬神庥”活动便不可能只是单纯的宗教活动，而必然与市场因素发生着千丝万缕的联系。会馆从本质上讲是“馆”，是商人们聚会议事的行帮办事机构，而不是单纯的庙宇。商人们建造会馆并不是单纯为了祭祀神灵，而是借助神灵来推进他们的商贸事业，使得会馆“敬神庥”的宗教活动同商人“谋商利”的市场需要结合在一起，促使会馆活动朝着服从商务活动需要的方向发展，呈现出“馆市合一”的发展趋势。

神庙是晋商会馆建筑的重要构成部分，因其供奉的神灵主要是关羽，故有的会馆就以关帝庙为名。据《九行十六社》中记载，包头的皮行和成衣局联合组成“威镇社”，“每年三月十八日在关帝庙过会，供关云长为祖师”，此“威镇社”的名称，大概取自关羽在明万历四十二年（1614年）所得封号“三界伏魔大帝神威远镇天尊关圣帝君”。清道光九年（1829年）山西浮山会馆《重修会馆碑记》说：“我浮山会馆，建自雍正七年（1729年）……且馆北建关圣帝君、玄坛财神、火神酒仙、炉王殿。”北京河东会馆，又称烟行会馆，馆中建有关帝庙，主祀关帝，配祀火神、财神，合称“三圣”。乾隆三十五年（1770年）《建立罩棚碑序》载：“都城章仪门内河东会馆，乃烟行崇祀火祖、关圣、财神三圣处也。”嘉庆二十二年（1817年）《重修河东会馆碑记》载：“溯自国朝雍正五年（1727年），馆建于都城中，立关帝庙，配以火、财神……余惟闻帝之英灵，被于遐迩，不惟河东人士敬之，而河东之敬之也尤。至初立会馆，先设帝位，兼设火、财神以配，是其敬神即所以尊帝，尊帝即所以笃乡谊也。”

晋商除供奉关羽为保护神外，还供奉自己的行业神祇，如牲畜行崇祀马王，酒饭行供李白、杜康，铁行供老君，纸行供蔡伦，理发行供罗祖，油漆裱糊行供吴道子，修鞋行供孙膑，肉行供张飞，票号行供金华圣母等，形成会馆多神共祭的现象。

下面是北京的临襄会馆祭祀条规：

正月初二日，祭财神。

三月十五日，恭祭玄坛圣诞。

五月十三日，恭祭关帝圣诞。

延伸阅读

杜康，据民间传说和历史资料记载，少年时的杜康以放牧为生。他将带的饭食挂在树上，常常忘了吃。一段时间后，杜康发现挂在树上的剩饭变了味，产生的汁水竟甘美异常，这引起了他的兴趣，经过反复实践他终于发现了自然发酵的原理，遂有意识地进行效仿，并不断改进，终于形成了一套完整的酿酒工艺，从而奠定了他中国酿酒业开山鼻祖的地位，其所造之酒也被命名为“杜康酒”。

六月二十二日、二十三日恭祭马王圣诞、火帝圣诞。

七月初一日，恭祭酱祖、醋姑。

七月二十二日，恭祭财神圣诞。

八月十八日，恭祭酒仙圣诞。

九月十八日，恭祭财神。

十月一日，祭神。

每岁阴历年终除夕日，恭祭列位圣神。

二、多神祭拜的原因

会馆多神祭拜的原因可归结为如下两点：其一，当时人们认为“自古一艺一术，皆有神主之”，有神则拜，“礼多神不怪”，各方神灵都要祭拜，这样才能从全方位对经商活动给予保护，一神不灵，则他神补之。这种多神共祭的现象正是商人们传统功利态度的表现。其二，中国历代统治者对神灵信仰一般采取宽容态度，对于民间信仰，除了对某些过于荒诞之祀加以限制外，大都采取允许、放任甚至鼓励的态度，加之没有统一宗教的思想限制，会馆在奉祀方面较为自由，选择何神来供奉较为随意。因此，会馆成员作为虔诚的信徒，各路神仙已成为他们经商活动的一种精神支柱。在晋商的影响下，对关羽及其他神祇的崇祀渐成民风。

会馆作为同乡聚会场所，对关公崇奉有加，是有其深刻的社会背景和明确的目的的。首先，这迎合了封建社会的正统思想。商业发展离不

延伸阅读

相传，孙膑被他的同学庞涓所害，膝盖骨被剔去，但孙膑的妻子却十分贤惠，不仅不嫌弃终生残疾的丈夫，还专门请人帮他做了紫檀木的双拐，夫妻相当恩爱。这些事恰巧被天上一位仙翁看在了眼里。一天夜里，他就托梦给孙夫人，告诉她只要给孙膑穿上用牛皮做成的靴子，他的腿便可以行走。孙膑的妻子将信将疑地按这个话做了，不想孙膑的腿果然好了。这事惊动了左邻右舍，并且越传越远。很多人都来向孙膑的妻子讨教做靴子的手艺。孙夫人心灵手巧，再加上孙膑的“点子”多，孙家做出的靴子渐渐成了抢手货。不少穷人从孙家学到了手艺，衣食有了保障，内心非常感激他们。孙膑夫妇去世后，人们就在巷口修了个“孙祖阁”以示纪念。这样，远近做鞋做靴的手艺人就自动把孙膑奉为始祖，年年香火祀奉。

太原大关帝庙

开各地官府的保护与支持。康熙和乾隆两位皇帝出于同化汉人、巩固清王朝统治地位的目的而推崇关公，各地官府自然趋之若鹜。而把山陕会馆建成敬奉关公的庙宇自然会得到各地官府的大力支持，并成为接待官府人等的重要场所，商业活动也就此融入了主流社会。

其次，作为在异地经商的山西人、陕西人，从事的都是远途贩运活动，自然面临着商旅途中的艰难险阻和商场的云谲波诡，出于求财、避凶的心理需要，他们渴望得到神灵的庇护。关公的老家在山西解州，与陕西相邻，两省商人当然为自己家乡出了这样一位千古圣人而自豪，祭祀关公除了具有强烈的自豪感与荣耀感之外，还存一种“亲不亲、家乡人”的乡土情结，总认为有乡亲之情的关老爷会尽力庇护自己。镌刻于社旗山陕会馆琉璃照壁上的对联“经壁辉光媲美富，羹墙瞻仰对英灵”“浩气已吞吴并魏，庥光常荫晋与秦”，就是这种思想的直接表达。

应该说，以上原因是山陕二省商人推动关公文化崇拜现象的直接原因。不过，山陕会馆敬奉关公还有更深层的文化含义，那就是倡导中国儒学的核心、

社旗山陕会馆的琉璃照壁

中华民族的传统美德——“义”。关公作为民众心目中诚信忠义的化身，他在民众虔诚的祭祀中已被神化，被赋予惩邪镇恶、降福消灾、“神鉴洞明”的神威。同时，他又被民众作为楷模，被赋予道德、伦理、人格、价值观念等方面最优秀的品格。所以，他获得了与孔子并立的“人伦师表”的殊荣。民众在集体性的祭祀及娱神活动的同时，也是在接受关公优秀品格的潜移默化的教育。

因遍布于全国各地的山陕二省商人大多精于经商而财源滚滚，因此，关公也就由“武圣”而成为人们心中的“财神”。至今，我国南方地区的商人以及东南亚华商大多敬奉关公这尊财神。

第二节　诚商教育　后世可鉴

明清时代的晋商会馆除了具有前面所述报神恩、联乡情的功能外，更为重要的一个功能在于对会馆成员进行思想道德教化，以培育“诚商良贾”。

关键词：诚商教育　答报神恩　后世可鉴

一、诚商教育的手段

首先，由于关羽为山西解州人，并被人们尊奉为具有“义薄云天”“义利分明”“义不苟取”“信义昭著”“言必忠信”“行必笃敬”等传统美德的圣人，因此晋商不仅在店铺和家中供奉关羽，而且在各地会馆中为其修殿，甚至有的地方把山西会馆建成“关帝庙”的形式，期望以此达到讲义气、笃乡谊，共同保卫集团利益的目的。

对于明清时期客籍他乡的晋商，要在新的地方打开局面，站稳脚跟，除了同乡同行间互相关照，也要在买卖双方建立基本的信任感，这样关羽便成了凝聚众商、以诚取信的象征。另一方面，贩运途中有各种损耗，生意场上有各种明争暗斗，再加上市场行情瞬息万变，做生意存在很大风险，此种不

解州关帝庙

稳定的特性，也使得他们需要一个神灵对自己的生意时刻加以保护。如《浮山会馆金妆神像碑记》中记载："且我邑士商，或观光于上国，或寄迹于市廛，举凡托业于兹上者，靡不被神之佑，获福而平安也。"河南舞阳北舞渡山西会馆《创建戏楼碑记》说出了山西商人敬奉关羽的原因，原碑记载："山左有孔子道德高于万山，世人重其文也，然有文以为之经，必有武以为之纬。惟我关羽生于山右，仕于汉朝，功略盖天地，神武冠三军，尤可称秉烛达旦，大节垂于史册，洵足媲美孔子，躬当武夫子称，护国佑民，由中达外，至今普天有血气者，莫不尊亲，三晋商贾贸易……上者夙托神庇无往不利，思仰答于万一弗……祀像以表诚前。"

乾隆三年（1738年）《敬献供器与买地碑记》载："北舞渡，舞阳县之巨镇也。行不数武，东南巽地有关圣帝行宫焉…… 创建乃山陕商人慷慨捐财，虔诚募化者也。肇于康熙六十年（1721年）十二月。今正殿则……焜耀已成；享殿则鸠工庀材，辉煌告竣；至于两廊歌舞台亦轮奂俱美，巍巍乎诚舞渡之雄观也。"道光六年（1826年）《创建牌坊碑记》记载："南阳之舞阳县有北舞渡，恃水陆并进，商贾云集，无穷之重镇也……感神灵之佑护，创庙宇之辉煌，乃于镇东南筑山陕会馆，以关圣帝君像居之。"

总之，晋商会馆为了维护商人的利益，一方面通过公议会规对商人的经营活动进行约束，另一方面则以关公的"义气忠心"作为凝结同

解州关帝庙匾额

延伸阅读

据徐道《历代神仙通鉴》中记载，关公的前生本是"解梁老龙"，汉桓帝时，河东连年大旱，老龙悯民心切，是夜遂兴云雾，汲黄河水施降。玉帝见老龙有违天命，擅取封水，令天曹以法剑斩之，掷头于地。解县僧普静，在溪边发现龙首，即提到庐中置合缸内，为诵经咒九日，闻缸中有声，启视空无一物，而溪东解梁平村宝池里关毅家已有婴儿落地，乳名寿，幼从师学，取名长生，后自名羽，字云长。

河南周口山陕会馆拜殿春秋阁

乡的精神支柱，并以关公的不取不义之财的气节，训练约束同籍商人，形成良好的商业道德，取缔见利忘义、欺人骗财的不义行为，从思想上为规范市场秩序奠定了基础。

另外，还通过经常的庙会活动，发挥祀神的道德教化功能。河南周口的山陕会馆为道教庙宇，会馆后侧建有道坊院，为主持道长居住和接待官府人等场所。会馆每年举行三次大型祭祀及庙会活动,每次祭祀活动均起庙会三天。祭祀及庙会活动由当家道长和会馆主持等同力承办。

祭祀活动开始前，由当家道长从湖北武当山、嵩山中岳庙、南阳玄妙观等四方名山庙观请来高功道长和道姑，共同协助举办这一盛大祭典。整个祭祀仪式庄严肃穆。在祭祀和庙会活动的三天期间，会馆内外装点一新，各商社敬献的彩灯、彩旗、帐幔、锦幛各处悬挂，五彩缤纷，璀璨夺目。上午、下午、晚上皆演出大戏，早饭、中饭、晚饭之时加演神戏，以表对关帝的虔诚敬意，市民可随意出入观看。

庙会期间，大拜殿内，上香上供、顶礼膜拜、祈求发财的善男信女整日络绎不绝，万人庭院内更是人山人海。每年除三次大型祭祀及庙会活动外，每月的初一、十五为上香祈愿日，四乡的善男信女齐聚于此上香祈愿，此俗一直延续至今。

相传，关羽曾率兵驻扎徐州北龙岗上（今铜山县茅村镇岗头村），当时久旱不雨，田地龟裂，关羽于农历五月十三这天磨青龙偃月刀要制服龙王，龙王恐慌，连忙降雨，这是徐州民间流传的“大旱不过五月十三”的来历。为了纪念关羽，在徐州的山西同乡定于这天集会，五十岁以上的山西籍老人均被邀请，并允许携带一个孙子或孙女。除烧纸点香烛拜供外，还要磕头。在庭院摆的酒席有时多达八九桌。酒后唱戏，均为山西人爱听的山西梆子、秦腔等。

山东聊城会馆极盛时，大殿供桌前的一对大蜡烛有五尺多高，直径超过一尺。据说，这两个大蜡烛点上后可以燃烧一年，是山西一个经营蜡烛的商人特意制作的。每年快到关帝生日的时候，他就计算好日子，用一头小毛驴驮着两支大蜡烛启程了，在关帝生日这一天准时赶到聊城，点上蜡烛以表对关帝的尊敬。年复一年，从不间断。

晋商认为答报神恩的过程，不仅是“会聚乡公拜祝”的过程，而且是保持乡情永驻的关键。尤其对河东人来说，来自关羽故乡，故在外地会馆建立关帝庙，崇祀关羽，其目的是“联其情而洽其意”“桑梓萦怀，联乡情于异地”“尊帝即所以笃乡谊也”。因此，崇祀关羽的目的就是增进同乡情谊，增强凝聚力，

山东聊城山陕会馆戏楼

和睦互助，同舟共济。所谓“上酬天恩、下联乡情”，以达到“通省联为一契，敦重乡谊”“三晋一家”的高级境界。由于祭祀的是同乡正神关帝，很容易达到“庙貌兴乡威而共处，神灵偕人心以胥欢”的特殊功效。

二、后世可鉴

综上所述，以儒道释为根基的中国传统文化，对晋商信用制度从选择到构建，从激励机制到约束机制等几乎每一个方面都产生了巨大的影响。儒家思想中的等级财富拥有观、忠孝观、孚信思想、艰苦朴素观念等，道家的诚信观、盈虚观，道教的组织形式、忠孝思想、天人合一观，佛教的业报（因果报应）和六道轮回观以及地缘文化所形成的山西人的人文特点等，无不是晋商建立独特信用制度、有别于其他商帮的内在文化因素。应该看到，在影响社会制度选择和变迁的诸多因素中，文化不但重要，而且至关重要。

总之，文化信仰是在历史上连续的策略形势中关于特定博弈的决策所结晶出来的，它们制约着人们的相互作用，也制约着他们、他们的神以及其集团之间的互动关系。晋商所处的明清时期，正是儒释道三教合流的时代，对于一般百姓来说，没有完全的对某一种思想的执着，更多情况下是多种信仰共同作用的结果。

晋商合影

第五章

雕梁画栋　浸润文化

时过境迁，各地幸存下来的晋商会馆，已然成为晋商文化符号中的历史残片，百多年前浓浓的梆子之声、郁郁的乡党之谊如今都已成为晋商后人的历史记忆，那些规模宏大的精美建筑也已成为当地的名胜古迹。

第一节　会馆建筑　风格各异

晋商会馆广泛分布于海内外，其建筑规模大小不等，建筑风格各异，既是当时彰显商帮实力的有力名片，也是如今各地的旅游名胜和文化符号。

关键词：会馆　建筑规模　风格各异

一、社旗山陕会馆建筑特点

据有关资料记载，在全国现存80余处会馆类古建筑群中，社旗山陕会馆以其建筑规模最为宏伟，保存最为完好，装饰工艺最为精湛，商业文化内涵最为丰富，被全国多位著名专家一致公认为“中国第一会馆”。

社旗山陕会馆是山陕商人“叙乡谊”“通商情”“敬关爷”“崇忠义”的集会场所。该馆位于社旗县城中心，由山、陕两省富商集资，始建于清乾隆二十一年（1756年），光绪十八年（1892年）全部落成，历时136年。会馆

社旗山陕会馆悬鉴楼（戏楼）

社旗山陕会馆圆雕石狮

社旗山陕会馆石牌坊石雕艺术

集中国古建筑全部石雕技法于一体，圆雕、透雕、浮雕、平雕、线雕，均得到恰到好处的运用与充分的展示，夸张传神，堪称石雕艺术珍品

占地面积 7 750 平方米，坐北朝南，有前、中、后三进院落。主要建筑物从南至北，依次为琉璃照壁、东西辕门、铁旗杆、钟鼓二楼、悬鉴楼（戏楼）、万人庭院、东西廊房（看楼）、石牌坊、献殿、大殿及药王殿、马王殿、春秋楼等等。整个建筑保存完整，规模宏大，装饰华丽，具有典型的明清会馆建筑风格。

该馆所有建筑左右对称，布局严谨，主次分明。悬鉴楼高八丈八，大拜殿高九丈九，春秋楼高十丈十，三座楼自南而北依次增高，坐落在一条轴线上。山陕会馆兴建于古建筑艺术臻于完美的清鼎盛时期，它仿照皇宫銮殿建造，集皇宫、庙宇、商馆、园林建筑艺术之大成，体现了“无木不雕、无石不琢”的建筑艺术风格，既雄伟壮丽、雍容华贵，又挺拔刚健、典雅大方，给人以艺术整体美的强大震撼力。

二、开封山陕甘会馆建筑特点

开封山陕甘会馆位于开封市徐府街中段路北，兴建在明代中山王徐达后裔的府第旧址上。清顺治七年（1650 年），此处曾建有关帝庙。乾隆年间（1736—1795），山西富商集资在关帝庙基础上兴建会馆。道光年间（1821—1850），陕西商人加入，易名为山陕会馆。光绪年间（1875—1908），又有甘肃商人加入，遂改名为山陕甘会馆。该会馆坐北朝南，主要建筑均分布在中轴线上，自南向北依次为照壁、戏楼、牌楼、拜殿等。两侧附属建筑有左右翼门、左右垂花门、钟楼、鼓楼、东西厢房、东西跨院等。这座会馆占地面积虽然不是很大，但是雄伟壮观，雍容华贵。大殿内外造型各异的砖雕、木雕、石雕，堪称“三绝”。

开封山陕甘会馆雕刻精品

位于开封山陕甘会馆正殿屋檐下，是会馆最为有名的七层镂空木雕彩绘

开封山陕甘会馆关庙山门，坐北朝南，上悬“关庙”匾额

三、洛阳潞泽会馆建筑特点

洛阳潞泽会馆又名东会馆，位于洛阳市老城东关新街南端。会馆前身是关帝庙，清乾隆九年（1744年），由潞安府（今山西长治市）、泽州府（今山西晋城市）商人捐资兴建，故名潞泽会馆。现存建筑有舞楼、钟鼓楼、大殿、后殿、东西穿房、东西配殿及东西厢房等。

洛阳潞泽会馆大门全景

四、洛阳山陕会馆建筑特点

洛阳山陕会馆，亦名西会馆，位于洛阳老城南关马市街，在清康熙至雍正年间（1662—1735），由山西、陕西两省富商集资兴建。会馆坐北朝南，中轴线上有照壁、山门、舞楼、正殿、拜殿等，中轴线左右为对称的东西穿房及配房。馆址占地面积10 000余平方米，建筑面积约5 000平方米。作为一处古建筑群，它占地面积看似较小，但作为会馆的建筑设施和功能，却比较齐备。如果进入会馆参观游览，并不会感到它的地盘狭小，建筑拥挤，只会感到它的内容丰富，布局严谨，主次分明，这就体现出古建筑师的巧妙手法。首先，中国古建筑群，一般都是轴线对称，轴线上的建筑物，大多都体量较大。山陕会馆面积虽小，但轴线上的舞楼、正殿以及拜殿仍与洛阳的潞泽会馆、开封的山陕甘会馆差不多大，甚至比开封山陕甘会馆

洛阳山陕会馆拜殿

感觉还略大一些。这就是主次分明、重点突出手法的效果。其次，中国庭院式古建筑群，一般都是三进院落，而作为商家聚会的会馆大多是两进院落。如洛阳的潞泽会馆、开封的山陕甘会馆、南阳社旗山陕会馆、淅川荆紫关山陕会馆等，都无一例外，当然洛阳山陕会馆也是如此。不过洛阳山陕会馆入门即为第一进院落，且两侧建有廊房。过舞楼为第二进院落，而绕过大殿则为拜殿。大殿与拜殿前后只有咫尺之地，这些给人的感觉似乎为三进院落。这种布局手法，充分利用有限地盘，起到小中见大的效果。同时，因距离甚近，仰视会感到主体建筑高大雄伟，可见建筑设计者的匠心。山陕会馆现存有记载会馆大事的石碑十余通，是研究会馆历史演变的佐证。山陕会馆的彩绘多布于檩枋上，题材以卷草花卉居多（其中牡丹花最为显著，当为一大地方特色），而且至今仍鲜艳如初，十分罕见。山陕会馆是凝

洛阳山陕会馆门楼镂空二龙戏珠木雕

固的艺术，立体而和谐的雕塑，是无言的诗，立体的画，是力与美、形与意的产物。综上所述，山陕会馆是一处具有较高历史、学术和艺术价值的古建筑群，应该认真进行全面修缮，使之永葆辉煌壮美。

洛阳山陕会馆拜殿梁架上存有河南所发现的面积最大、保存最完整的清代早期原始民间旋子点金彩绘

五、苏州全晋会馆建筑特点

全晋会馆占地面积约 6 000 平方米。以中路为轴，分中、东、西三路建筑。中路建筑是会馆的主体，气势雄伟，富丽堂皇，有门厅、鼓楼、戏台和大殿，是当时晋商们举行庆典和举办娱乐活动的场所。西路建筑庄重朴实，筑有两厅一庵。楠木厅和鸳鸯厅为晋商们交流商情、相互借贷、调剂资金的场所；万寿庵为停放已故在苏晋商灵柩之处，每年由专船将此处的灵柩迁回故土。东路有房屋数十间，供短期来苏州联系事务的晋商寄宿、存货以及在苏州破产失业的晋商借住。但自从 20 世纪四五十年代以后古建筑由于年久失修，白蚁蛀蚀，梁倾壁残。特别是大殿在 1976 年 1 月又不慎失火被烧毁，致使戏台也险象环生，濒临倒塌。1982 年苏州市政府拨款对全晋会馆进行了全面整修，整修工程共耗资 120 万元，自此会馆面貌焕然一新，恢复了当年山西富丽堂皇与苏州精雕细刻建筑风格相融合的旧观。1986 年 10 月，在该会馆内诞生了苏州戏曲博物馆。

苏州全晋会馆大门

苏州全晋会馆正殿

修复后的全晋会馆门厅宏伟宽敞，光彩夺目。这是一处典型的清代雕饰砖木结构建筑群。门厅前半部分的轩廊桁椽呈花瓣状，名为“海棠轩”；后半部分的轩廊桁椽呈弓弧形，名为“鹤胫轩”。两轩廊桁椽顶端的八组彩色斗拱，雕饰“凤穿牡丹”，气势不凡，显示出华丽与富贵。斗拱是我国木结构建筑所特有的，它不仅有承重作用，还有点缀装饰作用。古代以斗拱层次的多少来显示建筑物的重要程度，作为划分建筑等级的标准之一。明代曾规定：“庶民所居房舍不过三间五架，不许用斗拱及彩色装饰。”“一品至五品官宅的梁栋斗拱等，须用青碧绘饰。”清代对此也有明确规定。由全晋会馆的门厅和斗拱，可见当年旅苏晋商的实力和地位。“海棠轩”梁枋之上饰以双排金黄木雕蝙蝠，枋下饰以朱红金钱纹垫拱板，连接三幅宫式万字纹挂落，中央镶嵌三盆“万年青”，是寓意“福”“禄”“寿”的群雕。门厅设置三道六扇黑漆大门通向馆内，平日只开中门。中门两边安置两块饰有狮子浮雕的圆形抱鼓石。两扇大门上绘有工笔重彩门神，传说能驱邪镇妖，保佑平安。

进入门厅，两旁是对称的歇山顶亭阁式吹鼓楼，为罕见的礼仪建筑。每年会馆举行庆典之日，两厢吹鼓楼各安置6名乐手，他们

苏州全晋会馆戏楼

手持各种乐器，端坐在朱栏轩窗之内，吹弹于纱幔垂帘之后，或以悠扬的丝竹之声，或以嘹亮的鼓乐之声，恭迎宾客。

明式戏楼是会馆建筑精华之所在。1986 年深秋，日本艺术学部剧场史专家松原刚教授访问中国时专门前来考察，不禁惊叹于戏楼藻井的精美及其独特的音响效果，由衷地钦佩建造者的智慧和匠心独运。

六、山东聊城山陕会馆建筑特点

聊城山陕会馆是历史上聊城商业发达、经济繁荣的见证。它集中国传统文化之大成，融儒道佛三家思想于一体。整个建筑布局紧凑，错落有致，连接得体，装饰华丽，堪称中国古代建筑的杰作。

聊城会馆始建于清乾隆八年（1743 年），是由山西、陕西两省商人集资兴建的，从开始到建成共历时 66 年，耗银 9.2 万多两。会馆东西长 77 米，

山东聊城山陕会馆山门

山东聊城山陕会馆山门、钟鼓楼全景。从远处眺望，琼楼玉宇，璀璨多姿，蔚为壮观

山东聊城山陕会馆献殿，正门上方悬挂“晋祁充盛泉”于清道光六年（1826 年）敬献的“富国裕民”木质匾额

南北宽 43 米，占地面积 3 311 平方米。整个建筑包括山门、过楼、戏楼、夹楼、钟鼓二楼、南北看楼、关帝大殿、春秋阁等部分，共有亭台楼阁 160 多座，为全国重点文物保护单位。在全国现存的会馆中，聊城山陕会馆的建筑面积不算很大，但是其精妙绝伦的雕刻艺术和绘画艺术却是国内罕见的。会馆山门为三间牌坊式门楼，顶部呈歇山式，有六层如意斗拱承托着金碧辉煌的琉璃瓦顶。正门上的石雕匾额“山陕会馆”四个大字笔力遒劲，镌刻精细。大门两侧木柱上阳刻楹联为：“本是豪杰作为，只此心无愧圣贤，洵足配东国夫子；何必仙佛功德，惟其气充塞天地，早已成西方圣人。”整个门楼高大巍峨，气度不凡。

七、甘肃张掖山西会馆建筑特点

甘肃张掖山西会馆位于张掖市小南街，是清雍正八年（1730 年）山西客商赵世贵、赵继禹、张朝枢等建。张掖是古丝绸之路上商贸云集的重镇，从山西、陕西等地来的客商，在张掖开办了几十家大商号，他们为了巩固和扩大自己的经营范围，于是结帮会、设会馆，将始建于雍正二年（1724 年）的关帝庙改建为山西会馆，修建费用都是由客商募捐的。会馆将宫廷建筑与民间建筑融为一体，形成起伏开阖、疏密相间、错落有致的院落群体。沿一条轴线依次排列着山门、戏台（上下两层，上为台，下为通道）、看楼（上为台，下为廊）、牌楼、钟鼓楼、大殿、后楼等。造型奇特，威严凝重。殿宇楼阁，庭院花木，使得整个建筑群绚丽多彩。精美的木雕、石雕、彩绘、泥塑遍布全馆，交相辉映，具有重要的艺术价值、历史价值和研究价值。所有建筑除配殿已被拆除外，其余均保存完好。新中国成立前，此处曾设私立三晋小学。新中国成立后，会馆建筑得到妥善保护和多次维修，现为张掖市文化馆驻地，已成为全国重点文物保护单位。

甘肃张掖会馆内关帝庙

甘肃张掖会馆山门

八、内蒙古多伦山西会馆建筑特点

位于内蒙古多伦县境内的山西会馆是清乾隆十年（1745 年）由实力雄厚的山西籍商人集资兴建的，在当时可谓规模宏大。会馆占地面积 5 200 平方米，建筑面积 1 800 平方米，由四进院落组成，有牌楼、大山门、下宿、大戏楼、

内蒙古多伦山西会馆正门

俗称“过马殿”。东西各配有碑房一间，两块丈高石碑，上面以方寸楷书刻满建馆宗旨、时间和出资人

多伦山西会馆殿内壁画，所绘精美彩色图案，均以颂扬关羽故事为主

多伦山西会馆大戏台

又称“水镜台”。坐南朝北，台前檐正中悬挂雕刻鎏金花边的“水镜台”长方形匾额。据传该戏台是仿太原晋祠水镜台而建，由此可见山西商人浓郁的思乡之情

钟鼓楼、二山门、配殿、东西长廊、东西厢房、耳房、正大殿等。大牌楼高达数丈，东西两侧各有小牌楼一座，雕梁画栋，颇为壮观。大山门俗称“过马殿”，两侧立有泥塑彩绘战马，侧立马童。西侧高大的拱形门上书有“晋者胜地”四个字。进山门是大戏楼，坐南朝北，高约 3 丈多。戏台由两根大红明柱支撑，台前横梁挂一匾，上书“水镜台”三字。后堂悬挂一匾，上书“紫金东来”。戏楼北面二山门上方挂一匾，书有“千秋俎豆”。门前两根大旗杆下雄踞着一对大石狮，形态十分逼真。沿过殿出厅就是正大殿，正大殿是祭奉关公的主殿，两侧厢房墙壁上绘有三国人物故事画。殿内三座泥塑像，关羽端坐中间，关平、周仓居左右，气势威猛。

九、安徽亳州山陕会馆建筑特点

安徽亳州山陕会馆始建于清顺治十三年（1656 年），由山西、陕西两省药材商人集资修建。会馆坐北朝南，建筑面积 3 163.1 平方米。以大殿为主建筑，戏楼辅衬，看楼建于两侧，形成四合院。大门外有石狮一对，铁旗杆一对，旗杆上铸有八卦图和蟠龙，顶端各铸丹凤一只，旗杆上三层方斗，共有风铃 24 只，迎风叮当作响，清脆悦耳。 正面门上横额刻有正楷题字“大关帝庙”。水磨砖墙镶满立体透刻砖雕，有整出戏文，故事、图案、花纹多达 70 余种，可谓琳琅满目。院中有座色彩绚丽美轮美奂的花戏楼，集砖雕艺术之大成，对研究我国古代建筑雕刻艺术的发展和戏剧的发展都有重要价值。花戏楼本是会馆的一座戏台。因其上面彩绘绚丽夺目而得名。据《创建戏楼题记》记载，戏楼建于清康熙十五年（1676 年），比庙晚建 20 年。整个建筑融南北建筑风格于一体，至今保存完好。

◇ 亳州市山陕会馆山门。

为三层牌坊架式仿木结构建筑，左右以钟鼓二楼拱门相承，澄泥水磨青砖筑起，上面镶嵌着立体水磨砖雕纹样 70 余种。门前一对石狮，高 2.4 米，两根铁旗杆，高 16 余米，重 15 吨

十、汉口山陕会馆建筑特点

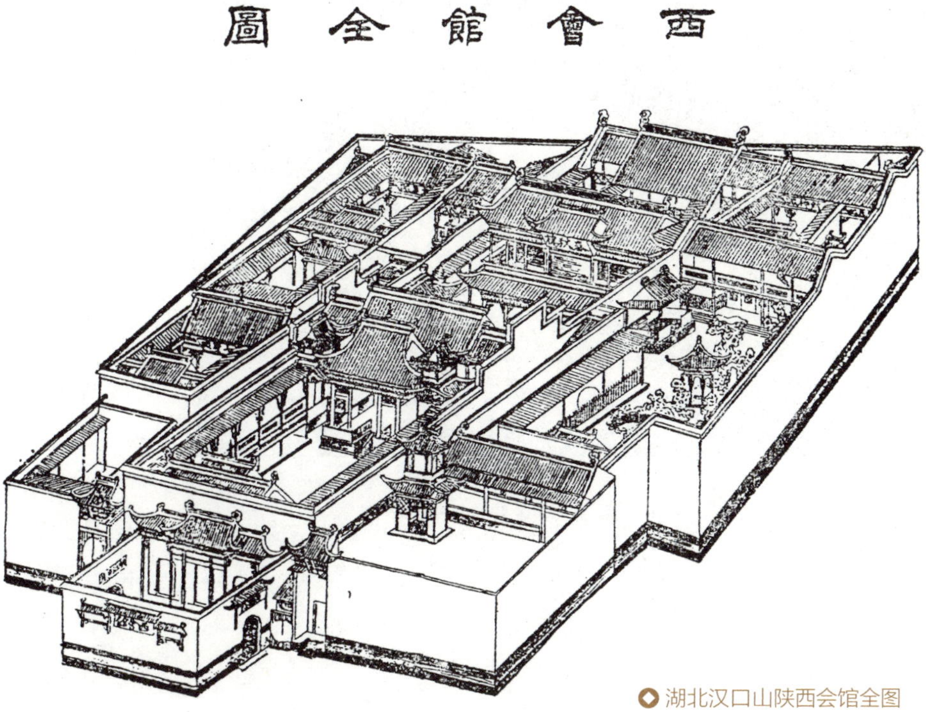

湖北汉口山陕西会馆全图

康熙二十二年（1683 年），在汉口的汉正街与后湖之间的一片空地上，山西商人会同陕西商人联手兴建了山陕西会馆，即山陕会馆。具体位置是今天的药帮巷以西，大夹街以北，全新街（当年的关帝街）以东，保寿硚以南。会馆内供奉关帝塑像。因为位于药王庙以西,会馆名称内有一个“西”字（明清时期，山西人和陕西人在汉口被称为“西人”），所以此建筑被汉口人称为“西关帝庙”。 会馆为三进院落，有两座大殿，一个大花园。大殿以黄色琉璃瓦覆顶，饰绿边金纹云头檐。大殿面积很大，雕梁画栋，正中供奉着关帝。山西商人非常崇敬关羽，崇尚以义制利、先义后利和仗义疏财的经营理念，所以凡是山西会馆都无一例外地供奉着关羽。大殿里挂着数十幅书画作品，摆放着很多檀木桌椅和茶几，这是山陕同乡联谊聚会之所。大殿两侧修建有几十间大房，陈设富丽堂皇，以供山陕士商旅汉寓居之用。楼上是堆货栈房，供山陕商人存放货物。 大殿前面建有一个大戏台，是汉

清末，汉口山陕西会馆戏场内人山人海，热闹非凡

口山陕会馆中最为精美的部分，戏台正中悬挂着关帝画像和对联。每至喜庆节日，晋商会馆必演戏酬神。还有一个面积很大、环境幽美的花园，里面修建有凉亭、水榭、楼阁。

从历史图片上来看，汉口西会馆大殿的高度，绝对高过开封会馆大殿，气势雄伟得令人震撼。再看《西会馆全图》：高墙层叠，院落深深，殿阁重重，门廊延伸，庭园幽静。进门楼往里走，前后两重大殿，白石台阶，白石扶廊，雕梁画栋，金瓦碧檐。前一重殿后设大戏台，后一重大殿设关帝像，每逢节日，会馆开戏，两侧厢房的二楼，连排的雕花隔扇依次推开，楼上楼下，殿内殿外，观者如堵。《晋商会馆文化》一文载："汉口山陕会馆内就建有正殿、财神殿、七圣殿、文昌殿等四座戏台。"

十一、海城山西会馆建筑特点

海城山西会馆位于辽宁省海城市西门外大街路北。占地面积约 3 000 平方米。会馆有正殿三楹，后殿五楹，大门三楹，钟楼、鼓楼各一。会馆山门古朴气派，东为钟楼，西为鼓楼，门前有一对石狮子，两侧的墙壁上雕有"忠义"二字。推门而入，但见剥落的朱漆、残旧的垣墙、坑凹的石基，无处不显现着一种苍老，但却觉不出半点破败和潦倒，扑面而来的反倒是一种历经风雨后的凝重与大气。

正殿是山西会馆的点睛之笔，它建在石基高台上，为悬山式建筑，砖木结构，面阔三间，进深一间，抱厦下面有四个朱红立柱支撑，青石鼓形柱基敦实厚重，而立柱和横额之间所嵌的三层透雕的木雕龙凤云板却是灵秀、精巧。房顶正脊上还有一座小庙，脊中间插着“穿天戟”三根，脊两端是龙形大吻。斜脊上蹲着砖雕跑兽，前面的叫“走投无路”，后面的叫“坐地分赃”，中间的叫“东张西望”或“左顾右盼”。

步入正殿，但见置于中央、雕工精细的青石条案上所供“关公”长须飘飘、神情威严，正手持一本《春秋》聚精会神观看。正殿的后门，是一间小卷棚，向上看去同样有转角和补间单昂三铺作斗拱，柱子与额之间也镶嵌着木雕花卉装饰板。后门两侧有六角形小窗户各一个。从正殿正门出来，走到它的侧面，明显可以看出殿顶的前坡比后坡长，侧面两个大山墙的屋檐向外延伸，屋檐

辽宁海城山西会馆山门，两侧建钟楼、鼓楼

海城山西会馆正殿是会馆的主体建筑
建在石基高台上，悬山顶，砖木结构，面阔三间，进深一间。前有抱厦，下有四根朱红立柱支撑

下有挡风板。据说，这样的建筑最具北方会馆的建筑特点。

虽然这里仅是当年晋商身在异乡的临时聚集地，但整个会馆构建精良，布局和谐，宏伟又不失别致，处处可见修建者的匠心和会馆主人的经济实力。

十二、天水山陕会馆建筑特点

天水山陕会馆的占地面积并不大，一亩左右，同其他地方的山陕会馆相比，它只能算是一个小“兄弟”，但它所包含的人文色彩却丝毫不弱于其他大会馆。整个山陕会馆由两部分组成，一部分是陕西会馆，一部分是山西会馆，合起来就是山陕会馆。陕西会馆的大门向东，面朝大同路，山西会馆的大门向北，面朝解放路。

陕西会馆的大门为砖雕门楼，看上去精美异常，进去之后一连三座大殿，之后则紧挨着面向北的山西会馆。山西会馆的大门淡雅朴素，黑底黄字的匾额格外引人注目，进门后紧挨着大门的是耳房，迎面是聚会的大殿，大殿的

天水山西会馆大门全景

东面长着一丛碧绿的竹子，透着超尘脱俗之雅气。苏东坡曾说：“宁可食无肉，不可居无竹。无肉令人瘦，无竹令人俗。人瘦尚可肥，士俗不可医。”由此可见当年晋商高雅的生活情调。竹子旁边有一条小径，绕过去就是一座大殿，门口悬挂着清光绪年间（1875—1908）被誉为“陇上铁汉”的都察院福建道监察御史、甘肃秦安神明川（今西川）人安维峻题写的匾额。

以前山陕会馆还有个牌坊，此牌坊创建于清嘉庆十七年（1812 年），为山西、陕西商人酌议修建，原在山陕会馆（今文化馆）内，1985 年迁到甘谷县十里铺乡五里铺村大象山下。

第二节 会馆文化 底蕴深厚

晋商会馆的建筑文化底蕴深厚。以下以社旗山陕会馆为例来展示晋商会馆的建筑文化。

关键词：建筑文化 底蕴深厚 彰显德育

一、会馆建筑的文化内涵

社旗山陕会馆在建筑的主要部位都设置有主题性石雕，既可达到装饰美化之效果，又能丰富建筑的文化内涵。其主要分布在悬鉴楼及大拜殿正门的两侧。主题性石雕题材丰富，内容异常广泛，大多选自三国故事、名人传奇、民间故事等。镶嵌在“悬鉴楼”前南面墙体里的四块方形石雕，其中有三国故事《赵子龙大战长坂坡》《刘备马跃檀溪》和历史典故《圯桥进履》《杯羹之让》等。在大拜殿正门两侧的两幅主题性石雕最为精彩，两面八字墙上东

社旗山陕会馆石牌坊人面兽石雕

图《十八学士登瀛洲》,出自《新唐书·褚亮传》,是唐太宗李世民选用人才的故事。此图,把“十八学士”勤奋用功、努力进取的情景描绘得惟妙惟肖。青石雕刻,更形象地描绘了“十八学士”跋山涉水登瀛洲的艰辛和最后取得的卓越成就。“登瀛洲”也是“学而优则仕”的写照。西图《渔樵耕读》,此图教化人们恪守本分、安身立命,但将“读”置于图的上方,与东图“登瀛洲”呼应,依然是宣扬读书为高,反映了山陕商人重教崇文的心理。图中山水、树木、飞禽、走兽、房屋采用浅浮雕、深浮雕、透雕、线雕等多种石刻方法,形态各异,栩栩如生。四周以青龙和祥云组成连续纹样围合,给画面增加了神圣感。石雕运用多视点构图方法,从下到上层层展开主题,而且在同一高度也有正视形象和侧视形象等多种变化,使得画面丰富。这一处石雕场景跌宕起伏,刀法细腻生动,是社旗山陕会馆主题性石雕的代表性作品。其他的主题性雕刻,画面较小,分别点缀于柱础、栏杆等处,也有很高的艺术性。

社旗山陕会馆,集馆、庙、娱乐场所于一身,是商业会馆类建筑与关帝庙建筑的特殊结合体,是山陕商人为“叙乡谊、通商情、敬关公、崇忠义”而建立的场所,是山陕商人的精神家园,因此会馆的装饰处处都显示出与其功能相一致的寓意。其雕刻内容更具有丰厚的文化内涵。社旗山陕会馆石雕装饰艺术的文化内涵体现在这几个方面:第一,颂扬“义”——讲究诚信。如:

◎ 社旗山陕会馆《十八学士登瀛洲》石雕

◎ 社旗山陕会馆《渔樵耕读》石雕

《赵匡胤输华山》《赵颜求寿》等都将“义”及诚信涵盖其中了。宋太祖赵匡胤的“卖华山”片段，则强调诚信的重要性。不仅平民百姓要讲究诚信，皇帝也不例外；图中雕刻的石桌、古树、小桥、流水，静中寓动，以烘托“卖华山”之重“信”的含义，点名了建馆立意——商人要确立“以信为本”的理念。第二，石刻中表现圣贤的题材，反映了山陕商人崇文重教，教人读书报国的心理。教育人要崇尚伦理道德，要勤俭节约，不怕艰苦，要有志向，要有上进心，更要充满爱心等。第三，社旗山陕会馆的石雕装饰，可谓花团锦簇，富丽堂皇。其中龙、凤、鹿、麒麟、仙鹤、蝙蝠、狮子等动物，牡丹、荷花、兰花等植物为会馆的建筑装饰反复强调的主题。牡丹象征富贵，蝙蝠取其谐音“福”，荷花取其高洁，兰花取其芳香，狮子则取其为百兽之王，镇邪守门，龙、凤、麒麟等都是瑞兽，取其吉祥之意，这些装饰都是人们祈求吉祥的体现。第四，山陕会馆的石雕艺术更注意以直露的装饰标记——算盘、钱币、账簿造型来着意点化其商业文化的内涵，如石牌坊上的“麒凤呈祥”图案中之钱串，大拜殿前八字墙石雕的“压胜钱”檐饰，大拜殿月台望柱柱头狮子踏钱串，寓意钱财滚滚而来，如意发财。祈愿一年十二个月月

社旗山陕会馆三座石牌坊，图为中坊，为三间四柱柱出头式结构

社旗山陕会馆山门。山门前置汉白玉石狮一对，盘龙铁旗杆两根，两侧建钟楼、鼓楼

月有福等等，更是商人祈愿发财的直接心理宣泄。可以说，会馆所有建筑物的装饰，特别是石雕艺术无不打上了山陕商人的社会观、道德观、文化观、审美观的印记，其文化色彩之浓郁、文化内涵之丰富是社旗山陕会馆建筑装饰的一大显著特色。总之，山陕会馆的石雕装饰寓教化作用于其中，正是山陕商人审美意识、文化心态和人文思想的集中体现。人们身处会馆，持续不断地得到灌输、训诫、警策，潜移默化地受到石雕装饰内容及其文化内涵的熏陶。会馆的石雕艺术深层的文化含义在于：宣扬正统的思想，教育人们如何做人，如何奋斗，如何成才，同时，树立自己的商业文化形象和信誉，以招徕更多的顾客，引来滚滚财源。山陕会馆的石雕艺术从题材、内容、艺术形式等方面无不体现出商人们“求上、求学、求财、求福、求禄”的思想，以及他们对美好生活的追求。

会馆的建筑设计和装饰风格，突出了山陕商贾的经营理念和创新意识，也涵盖了当时赊店镇民间口头传承文化的哲理，是当时儒释道理念融合的典型代表，具有中国传统的道德观念。会馆建筑既雄伟壮观，又玲珑剔透，

◆ 社旗山陕会馆马王殿东南垂兽

此兽为麒麟形象，黄鳞绿鬃，昂首张口，体态雄健，作奔跑之状，装饰感很强

◆ 社旗山陕会馆石牌坊上额枋最上面中部所立“福禄寿三星”图案

不仅集南北建筑风格于一体，而且处处蕴含着当时深入商人意识的经营理念、处世观念。清代商人求上、求学、求财、求福、求禄，讲究诚信，讲究进退，讲究门面的思想，囊括在建筑群的上上下下、前前后后。会馆带有清晰的清代儒商意识形态印记，营造出了浓郁的道德教化氛围。

二、会馆彰显德育

忠、义、礼、仁、智、信、孝、悌是中国传统道德观念的具体内容，而这些观念都十分清晰地蕴含在会馆建筑群及其上下左右的装饰中。例如在社旗山陕会馆内，这样的文化寓意随处可见。琉璃照壁堪称前院第一个亮点，它的主题是颂忠义。对联“经壁辉光媲美富，羹墙瞻仰对英灵”“浩气已吞吴并魏，庥光常荫晋与秦”和横批“义冠古今”已经尽显关公忠义楷模。而对于构组总壁画的各幅小壁画，倒是需要细细的品味。照壁北面共三幅图。左图有四狮对舞，其上置《渔樵耕读》图，其目的很明确，是教化入会各色人等各司其职，以和谐共处，确保四方平安。右图中，面对雄狮与麒麟难分难解的争斗打闹场面，其图上的着长袍观者，则静观其变；框上中部坐有一能够公正处世的观音菩萨，其座下凸出壁面，作向前俯视状的“獬豹”是专职辨曲直、除恶扬善的；最关键的是渴望进步发达的“鲤鱼”是否能够跳过“龙

社旗山陕会馆的琉璃照壁是仿北京故宫的九龙壁所建，高 10.4 米，宽 13 米，厚 1.7 米，单檐硬山顶，用 1 000 多块彩釉大方砖砌造

门”。壁画的中图把龙门上下的景观夸张到了天壤之别，作为龙门的楼阁立在壁画的最下面，楼阁左下角的鱼尾委曲于龙门下的点滴位置，表示尚未跳过龙门的鱼，而那鱼一旦跃过龙门便成为龙，龙升腾飞跃，可诸龙对舞，可戏珠逗趣，可腾云驾雾，尽展风采。壁画的设计者把中国古代教化人的绘画语言运用得恰到好处，把激人向上、励人拼搏的内涵，用鱼、楼、龙的形象表现得淋漓尽致，所以整个照壁先声夺人，起到了催人奋进的德育教化作用。紧挨照壁的是东西两个辕门，东辕门的内门楣为“升自阶”，西辕门则为“阅其履”。让入会馆者一踏进辕门就树立进取之心，一步一个脚印地踏着阶梯上进，要走正道，当回首往事“阅其履”时，不留遗憾。走进东辕门，仰头便可瞧见一对铁旗杆拔地而起，这是会馆前院的第二个亮点。它是当时建馆的经办者在第一批工程完工后，用所剩的 3 000 余金铸造而成的，杆高 28 米，重 5 万余斤，竖立于这南院关键的位置，用意非常明确。第一起到

社旗山陕会馆两根铁旗杆

立于清嘉庆二十二年（1817 年），重 5 万余斤，高 17 米，青石须弥座，束腰部雕天马、麒麟、狮子、异兽图，须弥座上立铁狮，旗杆穿狮而竖

了壮馆威仪之功效；第二是以事实展示经办者的秉公、诚信，以及善于精打细算的办事能力；第三，毫不示弱地展示了对于后来人的德育教化作用。这确实是诚信教育的典型范例，那泛着光亮的黑色组合，历经数百年风雨、雷电、炮火、战乱，依然威武地矗立在山陕会馆的前庭院，不曾见过像普通铁器样的锈迹斑斑，只在那黝黑光亮中透出深沉、坚毅和威仪，仿佛在告诉后人，做任何事情都要认真负责，精打细算，运作经营要经得起历史的考验。旗杆上布满装饰，但不忘在关键的部位装置了东为“大义”，西为“参天”两块铁牌和“豪气千秋照日月”“英灵万古震纲常”一副铁楹联，连斜插的铁旗的装饰顶也不是传统的枪头，而是关云长的青龙偃月刀形状。铁旗杆对应照壁，强化烘托满院对于关公“德”的敬重之情。如此更使后来人感受到会馆前院的德育氛围的浓重，使之油然而生敬意。旗杆北面，悬鉴楼的南门，一对石狮正笑容可掬地在欢迎大家，此两狮立于此“叙乡情，重联谊”的山陕会馆前院，真可谓寓意深长，恰到好处。经二狮的调节，会馆前院的德育效用既明显又和谐。严肃正统的说教与温暖和谐的慢声细语融为一体，进一步增强了会馆的道德教化氛围。

社旗山陕会馆大门正面外景

第六章
会馆运转　风雨同舟

俗话说："家有家规，国有国法；没有规矩，不成方圆。"会规是维系会馆组织的保证，是规范会馆成员行为的重要工具。会馆以其一定的规约来维护会馆的权威及活动秩序。没有相应的会规，会馆便失去了存在的意义和基础。因而，各地的会馆组织无不以议定公约性质的会规为立会之本，通过制订和修改完善会规来发挥会馆的作用。

第一节　会馆运转　制度先行

晋商之所以能在明末清初发展成为中国十大商帮之一与晋商会馆是分不开的。在交通不发达，信息传播很慢的那个年代，会馆不单给漂泊异乡的商人以心灵的慰藉，还在许多方面对他们进行管理，因此会馆就需要有一套行之有效的制度来保证其功能的实施。

关键词：规约　人事制度　入退会

一、人事制度的设立

会馆规定有数名董事。此外还有副董事及各种杂役。其中董事并无薪水，而杂役的薪资也无统一标准。

会馆内职位最高的人是理事，通常称为董事。其职责有二：首先是对内的——监理会馆的一般事务，如银钱的出入及善举的办理；当会员间发生纠纷时，则为之和解仲裁；会员若违反规约，则依照条例来加以处分，通常以罚款为多。其次是对外的——会馆须与政府或其他团体交涉时，董事代表会馆折中其间。会馆会员与外界的争执，由董事出头谈判，诉讼时也是一样，可能是可以拿会馆作后盾的缘故。其职责既是这样重大，自然是有财产及名

1929 年，永信蔚号商人在天津山西会馆戏楼院合影

望的人才有被选举的资格。任期大都一年。因恐陷于寡头专制之弊，所以会馆规定有数名董事。此外又设有副董事，又名司月或值月，每月轮流辅佐董事处理会馆事务。因一年共十二个月，故额数定为十二人。这都是名誉职位，不受薪，但每年得由会馆支给车马费。

但会馆事务繁杂，实非正副董事所能兼顾，故又选任司事以助之。这个职位是有薪水的。此外，又有各种杂役。大约可以分为以下几种：支客（或知客）——接待宾客，督龙——管理消防事务，即会馆失火时，督率水龙来灭之，管厨——大典祭祀及宴会时，备办祭物、食物等，值殿——管理神殿的祭祀供物及清洁诸事，看门或把门。

根据彭泽益的《中国工商行会史料集》记载：董事者为名誉职员，并不领给薪水。若司事之薪水，各会馆亦多不一。如上海广肇会馆，司账每月四十元，庶务每月三十元。执业务者，每月四元至六七元。馆丁则无一定之俸，不过给以衣食之费而已。今举上海四明公所役员事务及薪水之规定如下：

1. 公所账目，必须月结一次，以俾后日造征信录之简便。

2. 账房逐日进出之账，每晚须由经理者面同查核，以专责成。

3. 账房现存银钱，亦由经理者按月检点，杜其情弊。

4. 凡收各字号之款项与每日开支之款项，均须详细记载账簿，每日须总结一次，以备稽查。

延伸阅读

消防水龙又称“激桶”，是一种人工操纵的喷水灭火设备。最初的激桶是用竹子制造的，铜制激桶始于清代，先由外国传入，后在广东设有制造厂。激桶由两根铜管套在一起，里面有活塞装置，使用时把激桶放在水桶里，用力上下一捞，就把水抽上来了，再用力下压，将水喷射出去，以达到灭火的目的。

5. 各员薪俸不能过支。

6. 账房不许顶替办事，如有冒滥，为司账是问。

7. 各员薪俸惟十二月份准于望日发给，凡有紧迫者，亦准借半月薪俸，至来岁正月份控除。如平常回家，亦准借半月薪俸，俟下月控还。

8. 各员遇有冠婚丧祭等事，准借一月薪俸，亦俟下月控还。

二、入退会制度的设立

行会在入会资格及日常管理、人员设置等方面都有详细的规定。这样严格的组织方式使得行会具备了对内管理各自行业、对外与官府联络的功能。

彭泽益的《中国工商行会史料集》详细记载了各种行会的入会规则：

布帮公议：凡新开设布店者，当出会馆费银二十两。又开店之当日，须招宴同业，以敦帮谊。

染帮公议：凡新开染店者，必设备酒席演戏，招宴公所人员，以图亲睦。

江西会馆公议：

（甲）凡新开店者，当出钱一串二百文。

不尚浮华的山西商人

（乙）新来汉口，为店员者，当出入帮钱四百文。

（丙）自他帮雇入之徒弟，当出钱五百文。

（丁）徒弟入会者，当出钱五百文。

（戊）新来汉口贸易者，一年以内，届出于会馆。若入帮延迟一月者，公同处罚。

（己）目下在汉口之商人不分明者，查出后当遵规约入帮。

纸店

靴鞋帮公议：

（甲）凡新开店者，须出祖庙费银五两，并设酒筵二棹，招待公所人员。

（乙）非京苏各式之靴店，不许擅开。

金银玉店公议：凡新开业者，须设酒席招饮公所人员，其应出会馆公费，视其营业之大小，酌定多寡。

药帮公议：凡新开业者，当设酒席招待同业。

纸帮公议：凡新开业者，须招集同业，商议价格。且开店后，数日间不得减价发卖。

当铺帮公议：凡新开当铺者，须呈请布政使衙门。批准后，方准开业。

信局公议：凡同业者，对于银钱贵重品，有保管之责任，非有实在之资产者，不许开业。恐有损害同业之名誉，至其开业之际，须备酒席，招待公所人员。

挑夫帮公议：凡开脚行者，须呈请知县衙门批准。其开店之日，当设酒席，招待帮董。

至于退会之规则，并无定议，大概同业者有违反公议条规，罚重者使其退帮，并请地方官惩治。

第二节　协调独占　整顿自治

晋商会馆不仅管理和约束会员的商业行为，同时，也保护会员利益和在异地为会员争取更多的社会权益。

关键词：协调　独占　整顿　自治

一、协调矛盾

晋商通过会馆协调官府与商人、本帮商人与外帮商人的关系，使本帮商人的正当利益得到保护，使得发生商务纠纷时“理有所伸”，违反行规时“错有所纠”，保证了市场的正常运转。

调停纷议不单是商业行会的特色，实际上更是中国人的习惯，行会的调停纷议也是根据此习惯而来的。中国人向来以王道为最高理想，道德比法律

长裕川老照片

甚至更为重要，因此一般人不愿意诉诸法庭；即使在官厅接收诉讼时，若属于民事或商事方面，也一定会先试行调处，直到和解绝望才会下判决，判决文亦往往用调停的文句。所以商业行会更是秉承这种精神，若会员间发生争执时，常恪守调停的原则。某次，一个中国人与一个外国人发生争执，曲在中国人，但他很顽强地不理外国人的申辩，于是这个外国人就向他所属的行会举报，中国人听后大惊，还没等到行会调停便答应了这个外国人的请求。当事者对于行会的裁决，有时不一定要遵从，如果感到不服气也可上诉官厅办理。可是，如果当事者劈头便呈诉官厅，这便是“越诉”，这是行会绝对禁止的。越诉后，如果官厅断案不公，当事者想要再将这个案子放回行会进行处理，那是万万不可能的了。更有甚者，有些行会甚至认定这种行为违反行规，强迫当事者脱离行会。

这套商务纠纷仲裁程序，既节省了商人诉诸法庭的诉讼成本，减少了官府的政务，又以山西商人特有的温和方式解决了争端，无非罚饭一桌，罚戏三台，减少了商人之间的摩擦。买卖不成仁义在，充分表现了东方商人讲究人际和谐的智慧，从而形成区域市场以会馆活动为转移的局面，在更高层次上显示了晋商会馆在处理外部矛盾中不可或缺的地位。如河南社旗山陕会馆，包括两省十九郡商贾，控制了全镇的经济命脉，凡义举、大型商务活动乃至于社会治安等事宜，均以山陕会馆活动为向背，会

社旗山陕会馆内龙虎二字，为慈禧所题

馆兴衰直接影响着全镇经济的繁荣。以山陕会馆为首的商贾集团已将社旗镇建成为政治、经济合二为一的客商坞堡。而在归化的包括山西会馆、陕西会馆等在内的会馆，对外互相联合，几乎取代了官府的全部市政管理权，成为一方经济的实际垄断者。

此外晋商在外经营，不可避免地会与行内、行外之人发生业务纠纷。因而，会馆又担任了调解者和仲裁者的角色。本行会员与他行会员发生争执时，由双方的董事出头交涉办理；若诉诸官厅，亦以董事作代表。在诉讼前，当值董事召集会员，报告事件的始末。会员认可后，行会代出诉讼费用的一半。

延伸阅读

例如，归化城马王社是同城马车业者的会馆，因成立较早，社规废弛，外来车业者与会员勾结，抢劫乘客财物之事屡屡发生。宣统元年（1909年）萨拉齐车业者来归化城后，与会首王玉柱勾结，胡作非为，会员忍无可忍，向当局起诉，经官方调查，罚外来车业者与王玉柱分别向马王社缴纳亥灯一对和挂灯一对，并向会员赔情道歉。对此事，会馆刻石于海窟龙王庙内，警示无论外来者还是本会会员都必须恪守社规，以维护会员的利益。

二、事业独占

商业行会欲本行利益增进，就必须对自己的行业形成垄断，并排除一切障碍。

基于这一原因，行会一般规定：第一，同业者须加入行会，入会时须缴纳行规所定的一切费用，否则不是会员，全体会员不能与之交易。以上海油

北京六必居开业400周年纪念合影

豆饼业议整新规为例：如果想要继续在这一行业从事经营活动，就必须向行会缴纳公银。如果过期不予缴纳，那么以后就不能继续从事这一方面的商业活动。另外，为避免同业者相互竞争，买卖价格必须协定。北京各行会协定买卖价格的办法是这样的：“帮口选举的会长决定商品的价格。银行帮的会长每天早晨确定各种货币和银钱的行情，丝和棉制造商人帮口的总办则每天决定一次价格。有的商品——这种商品的价格变动得不是很快——不是总办，而是帮员确定价格。所确定的价格算是最低的标准。商人有权利提高价格，但没有权利降低价格。帮口极严厉地惩罚那些以低于确定价格出售的人……”

厘捐又名厘金，是照货物原价抽取若干厘以助军饷的意思。咸丰三年（1853年）太平天国军队占领南京，太常寺卿治军扬州，苦于军费不足，于是在仙女庙（在扬州附近）等地创办厘捐，对往来商品征收货物税和过境税。其后，胡林翼在湖北，左宗棠在湖南，均仿行此制，到同治至光绪年间（1862—1908）普及全国。当初说内乱平定后便撤废的，可是因为乱后经济困难，因此厘捐不但没有减少，反而有所增加，成为永久制。根据全汉升的《中国行会制度史》记载其征收方法有由厘金官署直接向货主征收的，这叫作散收。但如果长此以往，商人必然感到十分不便。因货物通过时，必须等候厘局的检查证明，但是这一过程往往会耗费很多时日。所以通过行会董事与厘局总办的交涉，最后决

延伸阅读

胡林翼（1812—1861），清末湖南益阳人，字贶生，号润芝。道光进士。1854年（咸丰四年）以道员衔率黔勇到湖北、湖南对抗太平军。次年太平军克武昌，又与湘军罗泽南部反扑。1856年破武昌，授湖北巡抚，全力支持曾国藩。与曾国藩并称“曾胡”，是镇压太平天国的主要人物之一。

定概算本行一年输出、输入的货物，并按协定税额，每月纳入厘局，由厘局给以货物自由通行的证书。此后会员运货时，只需拿出这张证书，即可自由运送。

明清之际中国传统市场发展到历史上的最高峰，集中表现为市场商品结构的转换和市场容量的扩大。我国人口到清代嘉庆年间（1796—1820），突破了徘徊在1亿人左右的局面，迅速增加到4亿人左右。为满足迅速增长的人口的衣食所需，市场商品结构和容量都发生了巨大变化。市场商品结构从奢侈品转变为以民生日用品为主，主要是粮食、盐、布匹等大宗商品的交换。市场容量突破了“百里不贩樵，千里不贩籴”的狭促局面，流通商品的数量动辄以亿计。据吴承明先生研究，鸦片战争前全国市场流通的商品计有：粮食245亿斤，棉布31 517万匹，茶260.5万担，盐32.5万斤。运转如此巨量的商品，在当时落后的交通运输条件下，必然使大量商民卷入服牛乘马、周流天下的经商浪潮中。当时垄断西部贸易的陕西商帮人数非常多，仅泾阳一县分赴各地贸易的人便“不知凡几”；清代陕北各县跑伊蒙草原的边商就有20多万人，走西口经商垦殖的人口多达140万；清代仅贵州江口贩盐的陕西盐商就有500多人。这些卷入经商大军的从商人员，主体是因人多地少而从土地上游离出来的农民，他们大多数非经商世家出身，对市场和商业规则并不熟悉，不过依照本性，任意为之，使市场秩序表现出一定程度的混乱。这种情况从当时商人书写和出版的《士商规略》《士商十要》《工商切要》《天下路程一体醒迷》等商业书加强对从商人员的职业培训中可略见一斑。大量对经商业务不够熟悉的新人涌入流通领域，他们行为的不规范性必然会使市场秩序发生一定程度的扭曲和混乱，原先订立的行业规则也会因新人的冲击或时代的变迁而失去其应有的功能，从而使市场呈现出高下失均的局面。因此必须加强对市场的整顿力度，以保证传统市场的正常运行。

明清之际，随着商品经济的发展，利益机制所刺激的生产和流通的自发性和盲目性进一步显示出来。市场机制是利益机制。当年司马迁就敏锐观察到“天下熙熙皆为利来，天下攘攘皆为利往”的市场利益刺激规则。到明清之际，商人们在更大范围内“多仰机利而食，俗杂好事，多贾治生不待危身取给”，一些商人见利忘义、铤而走险，各行各业普遍存在着不正当的竞争行为，严重扰乱了市场经济的正常运转，被人们惊叹为“人心不古，天下浇薄”。这些不正当竞争行为，概括而论表现为：从事盐业经营的则“煎卤掺硝”“错称短斛，任意低昂”；从事茶叶经营的则“浮秤抬价，货收潮湿”“抹尾短算，贪价翻悔”；从事粮业经营的则“掺糠下潮，指鹿为马，欺瞒买客”；从事灰业经营的则“私贩悄卖，把持高抬”；从事丝业经营的则“伪货掺杂，短斤混卖，加假索值，希图影射”；从事布业经营的则“短尺窄筘，以长剪短，减削筘面，花纱稀头”；从事药业经营的则“以次充好，私价诡盘”“假药哄骗，诓买欺卖”；从事油业经营的则“提不满斛，秤不平星”“踩假卡买，欺瞒钻夺”；从事皮业经营的则“轻出重入，欺骗客商”，凡此

十七股算盘

延伸阅读

《天下路程一体醒迷》又称《客商一览醒迷》，记载了明代二京十三布政司水陆路程，各地道路的起讫分合和水陆驿站名称，从商经验和商人训诫。

牙行，又称牙纪、行纪，它是封建社会商品交换发展到一定阶段的产物。牙行是经地方政府批准发照设立的，各行有各行的牙行，其职能主要是“同度量而评物价，懋迁有无，民用攸赖”，并且还负责代官府征税。

种种，不一而足。再加上牙行垄断行市，巧取豪夺，使市场经济难以得到顺畅发展。牙行为商人买卖双方说合成交，收取佣金，是市场经济条件下合情合理的正当行为，受到法律的保护和商人们的认可。但是，也有一些不法牙纪，常常并未参与买卖双方的说合，凭空向商人索取佣金，损害商人的利益。而且，充当牙纪的，多是地主恶霸或流氓无赖，以及“衙门胥役，多有更名捏姓，兼充牙行者”。根据一些碑刻资料记载，这些人“倚势作奸，垄断取利，必致鱼肉商民。被害之人，又因其衙门情熟，莫取申诉，其为市廛之蠹，尤非寻常”。因此，对于不法牙纪的侵权行为，单个商人是无力与其抗争的，只有建立会馆，依靠集体的力量，才能打击牙纪的不法行为，所以会馆碑刻多有这方面的记载。

陕西南北水陆交通枢纽龙驹寨市场，就是因奸牙图利，从中阻挠，而几起几落的。据史料记载，明初龙驹寨是“水走襄汉，陆入关辅，千户成廛，万蹄通货，巨镇也”，后来因为临近水边，常常遭受水灾，当地百姓就变身为牙商，征收牙捐，又“争利拘法，杀命图赖”，导致市场日益萧索。后来经官府干预，市场才稍有恢复。不久贪牙又与绅士豪右私下勾结，将厘金增加了十倍，致使商贾在高额的厘金面前望洋兴叹，从此不在此处进行贸易。这些都说明，在利益杠杆的驱使下，一些人昧良罔法，严重干扰了市场运作的正常秩序。制定行规业律，整治市场不正当竞争行为，成为市场发展的当务之急。自古以来，能工巧匠都知道无规矩不成方圆。行商坐贾也知道，如果没有事先规定好的条款，就无法打击奸商的行为，所以各行各业都有自己的行规。

山西人在北京建有河东烟行会馆。乾隆年间（1736—1795）由于“易州烟庄牙侩为奸，行中不通交易者几乎经年”，后来依靠会馆力量与牙行交涉“卒获胜利”。1932年临襄会馆《油市成立始末缘由专事记载碑记》中记载：京师临襄会馆的油市，成立已数百年，“并未受经纪牙佣之影响。有民国初年，忽有油市专行之设。系匪

大漠驼队

人行贿临时当道，自称京兆财政分厅所，勒令我油市即时停止，由彼估价买卖，收受牙佣。该行纯系希图渔利，垄断把持。当由吾市经理诸公，力为反对，指为巧立名称，誓难承认。方始设法推翻，而同行并未受任何摇动，实亦前辈及经理人办理得当。后有牙行种种事由发生，经会馆同人提议，公推同行代表数人，遇有应行改革之事，即请代表诸公，协同整理，保我市面”。又有山西省商人在京开设纸张、颜料、干果、烟行各号等，夙敦乡谊，共守成规。《京师正阳门外打磨厂临汾乡祠公会碑记》中载："光绪八年（1882 年）十二月，有牙行六吉、六合、广豫三店，突兴讹赖之举，凡各行由津办买运京之货，每件欲打用银二钱。众行未依，伊即在宛平县将晋商纸行星记、洪吉、源吉、敬记四号先行控告。光绪九年（1883 年）四月，有晋商干果行之永顺义、颜料行之全升李、烟行之德泰厚等，在大兴县将牙行呈控。五月内，经大、宛两公会讯断结。谕令纸张众行等各守旧章，并不准牙行妄生枝节。须颁发告示，各持为凭。凡我同人，无不实深感激。”“自今以往，倘牙行再生事端，或崇文门税务另行讹诈，除私事不理外，凡涉同行公事，一行出首，众行俱宜帮助资力，不可藉端推诿，致失和气，使相友相助，不起半点之风波。同泽同胞，

晋商老照片

永固万年之生业。”可见，会馆在维护同乡或同行商人利益上发挥了一定作用。

同时，中国官府对市场管理的“自由放任”政策，使中国商人不得不自我约束，通过整合市场秩序来为自己营造良好的市场氛围。中国古代的政府虽然长期以来在宏观上实行“重农抑商”政策，将商品经济限制在自然经济所能容忍的范围之内。但对市场的具体运作，官府则采取了不过多干涉的自由放任态度，特别是宋元以后突破了“坊市制”，实行“临街设市”的自由设市制度后，官府对市场的管束更加粗放，对此乾隆皇帝有十分清醒的认识，他说：“大概市井之事，当听民间自由流通，一经官办，本求有益于民，而奉行未协，较多轩格。”反映了封建统治者对市场发展规律的初步认识。在朝廷的意旨下，各地官吏亦对商贾之市不多干预，任其自生自灭。对此，清代署理钱塘知县给上级呈送的禀文中有这样一段精彩议论：“今各处贸易，皆有定规……此皆俗例，而非官例，私禁而非官禁，地方官要不能不俯顺舆情，若欲稍事更张，则讼争蜂起，窃恐日坐堂皇，亦有接应不暇之势。”因此，顺其自然是官府最明智的选择。在官府的自由放任政策下，天高皇帝远，不正当竞争行为得不到官府法律的有效制裁，市场亦不能在官府保护下正常发育。这便迫使中国传统商人不得不主要依靠自身的力量，通过制定行规业律来加强商业自律，以确保市场运作的有序展开，达到“敬业乐群”的经营效果。因此，明清以来商业行帮所制定的行规业律，虽有封建性的一面，但却充分体现了中国传统商人要求行业自律和严格按照市场规律经营的敬业精神。

乔致庸（1818—1907），清朝末年山西商人的代表

许多商人开始把市场规范运作提升到“贾道”，即市场发展规律的高度来认识。明代陕西商人康峦就把对不正当竞争的批评提到“贾道”的高度来认识，他认为“高价骗客”的行为是不知“贾道”的做法，以为可以通过高价获得利益，却不知最终是得不到长期利益的。只有按商业规则办事，才可以把自己的生意做大，获得比短期利益多得多的长期利益。以上种种说明明清时代商品经济和传统市场的发展，使整合市场秩序成为社会经济发展的迫切要求。在官府自由放任的政策下，作为行帮办事机构和商人自治团体的会馆，便不得不承担起整合市场秩序的任务，成为代替官府行使“工商管理权”的准官方社会组织。对此《吴县永禁官吏占用钱江（杭州）会馆碑记》有真切的说明：“商贾捐资，建设会馆，所以便往还而通贸易，或存货于斯，或客栖于斯，诚为集商经营交易时不可缺之所。”

山西商人利用会馆这一合法形式团结起来相互支持，既与其他商帮竞争，又联合抵制官府的肆意压榨。又如嘉庆十九年（1814 年）洛阳税收部门提高对潞泽梭布商人税收，引起晋商不满。潞泽会馆以商团名义告至官府，历时一年，几经周折，终于胜诉，减免了税收。此事使晋商在洛阳声势大振，买卖倍加红火，逐渐左右了洛阳商业市场。商业活动，纳税付佣，理应恪遵。但如果任意改革税率，或者强行收取佣金，必然损害商人的利益，各地会馆面对不合理的收费行为均进行了长期的抗争。

三、整顿秩序

稳定有序的市场秩序是晋商正常经商的重要保障。在官府自由放任的政策下，作为行帮办事机构和商人自治团体的晋商会馆，也不得不部分地承担起整合市场秩序的任务，成为弥补官府"工商管理权"不足的特定组织。

商业竞争必然会带来业务上的纠纷，商人之间的纠纷一般不愿通过官府来解决，于是会馆就有了处理商务纠纷的责任。海窟龙王庙内《重整四农民社碑记》所述关于处理商人使用"短百钱"问题的情况，南茶坊关帝庙内《整立钱法序》也记述了钱业行会宝丰社协助政府整理"短百钱"问题的历史。由这些碑刻资料可以看出，会馆在整顿市场秩序方面发挥了一定的作用。

河南南阳社旗县山陕会馆清雍正二年（1724年）刻的《同行商贾公议戥秤定规矩碑记》就详细记载了制定戥秤规则的原因，"社旗店，四方客商集货兴贩之墟，原初，码头买卖行户原有数家，年来人烟稠多，开张卖载者二十余家"，商务发达后，竞争激烈，个别商户行为扭曲，"其间即有改换戥秤，大小不一，独网其利"。为了维护正当竞争和正常经营秩序，使"同行有和气之雅，宾主无踈戾之情"，同行商人齐聚关帝庙公议"秤足十六两，戥依天平为则，庶乎较准均匀者，公平无私，俱各遵依……不得暗私戥更换，犯此者……罚戏三台，如不遵者，举秤禀官究治"，为使规则合

延伸阅读

票号，亦称"票庄""汇兑庄"。旧中国的一种金融机构。多为山西人所经营，故亦称"山西票号"。票号在各地设有分号，初期主要经营汇兑业务，以后存款放款业务逐渐发达。

天平

法有效，“同众禀明县主蔡老爷，发批钧谕，永除大弊”。后因战乱，碑刻被毁。同治元年（1862 年）又重刻立碑，说明会馆对于统一戥秤的重视。

道光八年（1828 年），在北京的颜料会馆制定会规称："前因行中往来交易。秤砝之说，多有扰古。因此公立行秤四杆，俱以交准，彼时来置银砝。后来人心屡有不顾，因而公议，新置银砝四块，每块重五十两分，派四城公用。日后行中交易，银价俱以新置银公砝直兑，决无异说。今因行中前有旧规，相油一事议定。外来之油，诚献行庙香资钱三钱，以备神前供用。立规之后，大家悦均。”还有北京的山西票号在章程中阐述并规定："一人智慧无多，纵能争利亦无几何，不务其大者而为之。若能时相聚议，各抒所见，必能得巧机关，以获厚利。即或一人力所不及，彼此信义相孚，不难通力合作，以收集思广义之效。兹定于每月初一、十五两日为大会之期，准于上午十一钟聚会，下午一钟散会，同业各家执事齐集到会，或有益于商务者，或有病于商务者，即可公平定议。如同业中有重要事宜，尽可由该号将情告之商会董事，派发传单随时定期集议。”

行会的规约，同业各店都必须遵守。如果某店违反了行会的重要规则，或者做了一些违反正常竞争的事情，行会最终给予该会员店除名的决定后，全体会员店都应该与该店绝交，违者受罚，这叫作同盟绝交。据史料记载，如果除名后还不足以泄其愤，也许还会施以暴行。不过一般说来，除名已经是行会对违规者制裁的极限。因犯者受除名处分后，失却任何方面的保护，东既无以为生，西亦难以做活，其后果是可想而知的。

同盟绝交不但是行会制裁会员的手段，而且是行会用来与外界人员或官厅对抗的有效武器。上海杂谷业公议："成盘之货，设有行家客帮，有意不交，及纠葛一切，显违公论者，本帮会齐与该行号停止交易；掮客经手，连月停止。俟前事了结，再行开交。”外国商人有雄厚的资本及强盛的祖国作后援，但若与中国的行会抗争，而受到后者同盟绝交的制裁时，往往失利。例如在1883年，汉口的外籍茶商与华籍茶商起了争执，外商议决不买，华商议决不卖，茶业公所并发出通告，与外商完全断绝经济关系。华商方面的制茶工场、贩卖场、经理人、装卸货工人等，凡与茶业有关系的人员联络起来，掀起大规模的同盟绝交运动，结果外商损失惨重。中国官厅一向有其专制的威力，但若遇到行会的同盟绝交（此地应作同盟抵制或罢业），也不得不屈服。平定太平天国和陕甘回变之后，威名赫赫的左宗棠，在做两江总督时，因经费缺乏，新发盐票十五万道，但因两淮盐商的反对，只发行了三万道便告中止。

延伸阅读

左宗棠（1812年11月10日—1885年9月5日），汉族，字季高，湖南湘阴人，号湘上农人，晚清重臣，军事家、政治家、著名湘军将领。一生经历了湘军平定太平天国运动、洋务运动、镇压陕甘回变和收复新疆等重大历史事件。自幼聪颖，14岁考童子试中第一名。

陕甘回变是清代同治年间从1862年至1873年在中国陕西、甘肃爆发的一次境内的穆斯林和汉族之间的仇杀。它持续了10年多，波及陕西、甘肃、宁夏、青海和新疆等地区，最后被左宗棠领导的以湘军为主的清朝军队所镇压。

四、道德教化

会馆除采用建立规则来实施其经济功能以外，还利用其控制的商业渠道和对行业价值理念的构建，形成一整套非正式的约束机制。晋商会馆之所以能普遍存在于各大商埠中，正是因为它能够依托共同的文化信仰，通过神灵祀拜和营造诚信的会馆文化氛围，对本帮商人进行诚商良贾的思想教化，从思想和道德层面规范商人的市场行为，使其树立起敬业、重名、乐群的经商理念。

山西会馆由明至清，在中国商贸史上留下了浓重的一笔，其作用甚大。晋商长途贩运，散

延伸阅读

明清两代，祁县商业繁荣，闻名遐迩。早在明代中期，祁县商人便结成了财力雄厚、人数众多的祁县商帮。清代以来更有了长足的发展。祁县商帮的商号票号遍布国内通都大邑，水旱码头，甚至远至俄国的西伯利亚、莫斯科，日本的东京、神户、大阪，朝鲜的平壤，韩国的仁川、首尔，以及南洋各地，号称“汇通天下”。故有“金祁县”之称。祁县商帮是我国清代商界的一支劲旅，而渠家是祁县商帮中资财最大的一户，他们的茶庄“长裕川”声名卓著，票号“三晋源”汇通天下。

布于全国各大商埠。他们在异地他乡，人地两生，难免有思亲怀旧之感，而“会馆之设，所以答神庥，睦乡谊也”。由于共同的语言、风俗，趋近的心理、文化，“同乡偕来于斯馆也，联乡语，叙乡情，畅然蔼然。不独逆旅之况赖以消释，抑且相任相恤”“无去国怀乡之悲”。山西会馆作为一种商业性组织，广置楼阁、多盖屋舍的目的，在很大程度上是为同乡士绅、商旅驻足和贮存货物提供方便。“商贾捐资，建设会馆，所以便往还而通贸易。或存货于斯，或客栖于斯，诚为集商经营交易时不可缺之所。”“凡弹冠捧檄，贸迁有无而来者，类皆设会馆，以为停骖地”，从而使“士、商之游处四方者，道路无燥湿之虞，行李有聚处之乐”。中国封建社会的中央集权专制制度不允许有任何政治派别存在，但随着商品经济的发展，商业竞争日趋激烈，同乡商人“无一区托足，则其群涣”，群涣必然削弱竞争力量。因此，无论是从联络感情出发，还是从经商需要出发，他们都需要一种组织形式来加以联结，而以地域为基础建立的山西会馆恰好提供了这样一种社会组织形式。

山西在外经商人数多、规模大、时间长，仅祁县就有一半人家子弟步入

祁县渠家大院

原为清代著名商业金融资本家渠本翘的宅院，现为晋商文化博物馆

贸易之途。昔日晋商在交通落后、邮递不便、自然环境十分恶劣的条件下，闯荡全国以至欧洲、东南亚。他们义无反顾地出发，并不一定能够达到预想的目的，一个成功者背后隐藏着无数的失败者，终生异域、客死他乡者甚多。而会馆则会看在同乡同业的情分上，出资为这些客死异乡的人购买坟地。一旦旅外之人遭受横祸，同行就会出面相助，只要接到求救的文书，同乡必亲自前往，并且会全力相助。每当同乡在外发生“疾病疴痒”，会馆便“相顾而相恤”，提供钱财、药物。会馆对年老失去工作能力者则予以救济。此外，会馆还资助穷儒寒士积极进取。尽管山西会馆在扶持晋商、发展商品经济方面起了一定的积极作用，但它毕竟属于发育程度较低的旧式社团。它在内部机构设置、权力区分诸方面都不够明确，封建性、排他性较强，缺乏与其他商帮跨省区的沟通和联系，“各乡之界限，即判于其间，界限愈判，排外愈甚”。这与商品经济发展的要求又相抵牾。因此，其作用具有两重性。

五、信用自治

维护社会秩序本是政府的职能，晋商会馆为了保卫自己的经济利益，积极协助政府，维护社会秩序。

内蒙古包头，原是一个村子，后来包头随着祁县乔家生意的发展而兴起，当地流传着“先有复盛公，后有包头城”的民间谚语。包头发展了，但长期没有政府办事机构，直到清末，仍是由萨拉齐厅派了一个巡检来负责，到民国初年也只是由萨拉齐县巡警分设了一个驻所，此时包头商民已达五六万人，社会治安基本是由“大行”和“农圃社”维持。直到包头建县以前，一直是大行出代表 4 人，农圃社出代表 1 人，组成议事机构，在大行内办公。受萨拉齐县委托，

> **延伸阅读**
>
> **包头**，源于蒙古语“包克图”，意为“有鹿的地方”，所以又叫鹿城。居住着蒙、汉、回、满、达斡尔、鄂伦春等 31 个民族的人民。19 世纪后期至 20 世纪初，包头已发展成为我国西北著名的皮毛集散地和水旱码头。
>
> **所谓大行**，就是工商业者的公会组织；农圃社就是郊区地主们的团体。

巡检和巡官前来监督协助，处理包头地方各种事务，大行基本代替了行政机构。当然，这也许是一个特例。但行会参与地方政事，协助城市公共设施建设，却是肯定的。

据李希曾的《晋商史料与研究》记载，归化城鲁班社清道光九年（1829年）设立的《新立规碑记》规定：“兹因世道不古，有亏于圣事者多矣。我鲁班社由来已久，是属祖师胜会，而布施隐藏遗漏，以至会首屡屡赔苦，若不整齐，社事将衰矣。我们不忍坐视，遂合公议，严立新规，严其责于铺户、工头，董其事于值年会首……使无耻工作，知其新规，有所警畏，而从前隐徇掩护之弊，可以顿除也，今将新立条例开列于左，以志永远不朽之尔。”

刘建生的《明清晋商制度变迁研究》中也提到建筑行业的行会定有社规四条：一是铺户等设攒钱牌14面，字号钱数开列于上，值年会首各执一牌，按街挨户攒收，每月一周；二是铺中人员各量其资本、业务而上布施，刚出师的徒工每月以两日工资为限；三是泥、木、石工工头立总牌一面，每人每月以50文攒钱；四是临时工布施按两天工资由工头扣除交社，以及领签交纳。还规定值年会首及跑庙若不认真收款要罚烛10斤，应交款社员被传不到，罚烛5斤，等等。又如京师临襄会馆内设油市，山右临襄会馆《油市成立始末缘由专事记载碑记》载：“惟恐宵小及未挂号之家，混杂其间，致市内秩序紊乱。公同议决，特制标章，以便来市佩带，俾资识别，

◆《晋商史料与研究》

◆《明清晋商制度变迁研究》

而专责成。庶免内忧外患，一旦发生意外，从中滋挠，致市面不堪设想，无法维持。”

一般情况下，有关原料、产品价格、经营范围、市场限定等诸项，均以会规形式作出明确规定和违规惩罚办法。各会规、公约，大都按传统形式郑重刻碑立于议事的会馆，作为永久性的公开凭据。对于认可会馆的会员来说，这些会规具有神圣的习惯法性质的约束力。

会馆作为“叙语之地，正可坐论一堂，以谋商业之公益”。凡“通商之事，咸于会馆中是议”。大家定期在一起“公定时价，毋许私加私扣……议定条规，藉以约束”；“启发智识，以开通商智；研究商学，调查商业；集思广益，沟通信息”。自治、自束、自卫的会馆通过制定本行业的会规，对交易的不守信行为进行严厉的惩罚，增加不守信的违约成本。晋商会馆信用自治的内容，直接反映在行业规约的具体条款中。其以会馆为依托，将各自为政的商人聚集在共同利益的旗帜下，形成相互促进和相互制约的行业自治格局，从而建立维护行业内部商事交易的秩序。首先，严格限制入会，建立良好的信用管理基础。晋商建立会馆的目的是为了“联乡谊”，“以敦亲睦之谊，以叙桑梓之乐，虽异地宛若同乡”，从而相互支持。尽管如此，晋商还是要严格审核入会商号的资格，以为其日后的发展奠定良好的基础。例如，北京晋商“会规”明确规定：“开设商号宜慎之于始。——今既立商会，凡有业此者，均应在会。嗣后有续开者，亦必报明会中，由职商等验明资本殷实。”晋商会馆严格的入会约束，为晋商建立信用制度打下了坚实的基础。

会馆是公议行规的监督执行场所。晋商会馆的会规也称“规牌”，规定了会员义务、会员权利、会费及奖惩办法等。如河南舞阳北舞渡晋商杂货行，于乾隆五十年（1785 年）公议杂货行规并在会馆立碑记载：“买货不得论堆，必要逐宗过秤，违者罚银五十两。不得合外分伙计，如违者罚银五十两。……结账不得私让分文，如违者罚银五十两。不得在人家店内勾引客买货，如违者罚银五十

河南北舞渡山陕会馆彩牌楼

两。不得在栈房门口树立招牌，只写某店栈房，如违者罚银五十两。每年正月十五日演戏，各家俱有齐备，如有违者不许开行。有新开行者，必先打出官银五十两。到店吃饭，俱要饭钱。”

总之，晋商对不守信、违规会员有如下三种处罚方式：第一，财产处罚。晋商会馆内部共同议定的对于掺假者的财产处罚规则中，既有罚金处罚，又有没收货物的处罚，即以减损掺假者的经济利益而示惩戒为宗旨。如社旗山陕会馆中的《公议杂货行规碑记》载：“卖货不得包用，必要实落三分，违者罚银五十两”，“买货不得论堆，必要逐宗过称，违者罚银五十两”，“落下货本月内不得跌价，违者罚银五十两”，“不得在门口拦路会客，任客投至，违者罚银五十两”，“不得假冒名姓留客，违者罚银五十两”，等等。第二，名誉方面的处罚。晋商会馆还流行一种比较有特色的惩罚方式，即罚违规者花钱请戏班子给大家演一台戏。正如前面多次提到的社旗山陕会馆内的石碑记载如果私自更换戥秤的话，罚戏三台。这样的处罚方式

银圆

看似滑稽，然而意义和效果却是多重的。不仅让违规者破费了钱财，而且还让违规者的所作所为尽人皆知。既贬损了违规者，平衡了同行业中其他人的心态；又可以警诫、警示他人不可犯同样的错误，达到了法制教育的效果。第三，"禀官究治"的威慑力。晋商行业的力量毕竟是民间的力量，其制裁的力度和贯彻能力往往受到挑战。当前两种方式皆不奏效时，行业还有一个特别的制裁方法——"禀官究治"，即合力将违规者扭送官府，进入诉讼程序。如上述社旗县山陕会馆的会规中，如果罚戏"不遵者，举秤禀官究治，唯恐日后紊乱规则，同众禀明县主蔡老爷，发批钧谕，永除大弊"。经常出现在碑文所刊行业规则中押尾的这句话，显现了商人对政府无奈的依赖。商人们也将"禀官究治"作为制裁方法之一，以之作为前两项制裁方法的保障。

会馆在法律意义上所起的作用总结：首先是解决会员间的纠纷——会员相互间在工商业上发生纠纷时，须由会馆董事仲裁；事情重大者，需召集全体会员来共同评判是非曲直，以处理之。这种决议有很大的强制力。会员若不把纷争案件交与会馆办理，而一开始就直接诉诸法庭，那会馆便要处罚他。会员与外界发生争执时，必先诉诸会馆，由会馆为之出头处理，以免孤单软弱被人欺负。其次，商业习惯的制定——由会员共同制定，共同遵守，内容如下：通用货物行市、包装、度量衡、拆让、买卖价格、用人雇佣法、货物税、罚款、货物毁损赔偿费等。

综上所述，明清时期晋商会馆是社会整合的产物。晋商会馆作为一种典型

湖南湘潭北五省会馆

青海西宁山陕会馆

的地域性会馆，它是联乡谊的场所，祀神祇的公共建筑，诚义举的社会组织，谋商务的地域团体，甚至还是地方政府加强治安的辅助力量。这种地域性会馆，不是行业的组织，没有东伙之别，而是“人客异乡，居客异地”，包括了特定地域的各行各业全部客籍人士的地域组织，它对内并不互相限制、排斥，而是在乡帮精神的号召下，“相勖以道，相尚以谊”，提倡和力行互相帮助，互相保护。随着其进一步发展，往往还超越了地缘的限制，不仅给旅外流寓的士子、官宦提供生活上的帮助和感情上的慰藉，还对外籍流寓之人帮困解难。防范社会风险和救助社会弱势成员已成为当时全社会日益迫切需要解决的现实问题。会馆很好地利用了它的凝聚力和亲和力，集中社会资源实行宽范围、多层次的社会保障，一定程度上缓解了阶级矛盾，整合了社会财富，从而促进了社会的稳定发展。由此可见，会馆从建立之初就具有代表商人进行社会慈善活动的功能，对维护社会平衡发展起到了积极作用，是明清社会运行体系中的重要一环。会馆这种乡情的唱叙，成为联络广大客籍晋商的强有力的纽带，从而使晋商在客居地组成了一个小社会，突出表现了“大会馆，小社会”的特点。

第三节　借助政府　结交官员

晋商热衷于通过软性的贿赂方式，实现跟官府以及官员个人的结合，从而获得保护以及分享垄断权力。他们为了达到这一目的不惜迂回曲折，通过地缘关系，以会馆之名资助举子，转弯抹角地跟官员，尤其是跟高级官员搭上关系，寻求独占的一些利益以及官员的庇护。

关键词：联合　借助　管理　影响

一、联合官员

北京南城，是会馆的天下。建会馆的都是商人，会馆的运作也是由商人支持。由于发现这些会馆对于联络京官和培养举子、候补官员和正选官员跟商界的感情特别有效，于是会馆越办越多。

明朝中后期，各省在京会馆的多寡与一定的政治势力相联系，并反映其在京人数的多寡和政治势力的大小。当时在北京建立会馆最多的是商帮势力较小的江西，达 14 所，占会馆总数的 34%。这说明会馆的建立大多不是

北京平阳会馆内景及左右厢房

为工商业，而是为了“同乡贵游”“士绅”“薄宦及士人”“迁除应朝”“公车岁贡”提供方便。但山西会馆则不然，山西在北京较早建立的五所会馆中，潞安会馆、平遥会馆、临汾东馆、山右会馆均为商人所建，只有临汾西馆一所为仕商共建。从创建者的身份可见，山西会馆建立的目的比较单纯，商业性质明显，主要作为商人自己的活动场所。

但官商之间的事，从来都是大事。自秦汉以来的封建制基本就确立了中国社会两大最有势力的群体，一是官，其中包括候补的和退休的，一是商，其中包括半农半商的和半官半商的。

一个新入道的商人，一则可以通过前辈商人做中介结交官员；一则可以通过资助家乡的儒生，看哪个有出息，是潜力股，先投资押宝；一则可以培养自己家族的子弟读书，然后一步步考上去为官为宦。除了这些一个比一个效率低的渠道之外，明清之际官商之间还存在着一处特别为官员尤其是京官所喜爱的交往场所，这就是会馆。到了清朝，凡是本地商业稍有规模的府县都在北京设有会馆。会馆的建设有各地在京的官员参与，但资金基本上来自商家，因为明清两代官员俸禄很低，许多出身科举的名人，都有过在会馆居住的历史。比如林则徐、曾国藩、李鸿章、康有为、梁启超、谭嗣同等。直接帮助进京赶考的举子，比起从童生开始培养来，无疑是一项短线而且见效快的投资。因为所资助的对象基本上是处在科举台阶高端的人，步入仕途的概率相对较大，最差的也是参加顺天乡试的生员，即使考不上进士，也有可能是举人和五贡出身。做了官之后如果顾念资助之恩和乡谊之情，那么就有可能对商家有所回报。更何况很多考中进士又做了京官的同乡如果家底不太厚，考虑到京城消费的压力，往往就住在会馆里，这就为商家联络官员提供了非常大的方便。既然会馆是商家联络官府的由头，商家当然不会把注意力仅仅投放在资助同乡考生上。因此，像样的会馆都设有戏楼。

不仅演地方戏的戏楼成为名角和看戏的商家跟官宦出没的所在，地方菜系也随之进京。有吃的，有看的，有听的，到了看戏的时候，原来的地缘规矩就不存在了，沟通无极限。在广播影视等现代传媒和娱乐形式出现之前，观赏戏曲是社会上绝大多数人消闲娱乐的唯一渠道。这样一来，某些设施比较好，在看戏的同时还可以摆宴招待客人的会馆，就成为商人联络官员的最佳场所。

清末，汉口山陕会馆观众在戏场看戏的热闹场景

二、借助政府

会馆行规一经制定，一般都要报经官府批准，以借助官府突显出行规的权威性，然后以碑刻的形式公开示众 。

如果说当初官绅会馆的肇始，是代表着同乡的利益和权势的话，那么商业会馆的建立，则是联络乡谊、聚会议事、沟通信息、维护同乡同行利益、祭祀神灵、聚岁演戏及举办各种庆典、购置冢地、筹办善举的处所。

会馆管理作用的实现，在于各会馆制定的行规能对手工业者和商人产生约束效用。如遇有违反行规者，内部无法处理，请求官府判决时，官府的判决也大多是以行规为依据，按行会的请求对违规者予以处罚，这样使行规进一步具有了法律效力。如清道光二十六年（1846 年），汪正兴、傅永顺、许义全告匠师熊立富不遵行规，

延伸阅读

八省会馆——乾隆年间（1736—1795）《巴县志》中，已记载有陕西会馆、江西会馆、江南会馆（涉及江苏、安徽）、湖广会馆（涉及湖南、湖北）、浙江会馆、福建会馆等六个省级会馆，光绪时张云轩绘制的《重庆府治全图》，又增加了广东公所和山西会馆，成为后来所说的“八省会馆”。

将工资银两低折价钱。经八省客长在府庙公议，令熊立富按每钱一千合银 6 钱 6 分折算给工钱。而熊立富不依八省判决，汪正兴便请知县裁决，知县批复为："仍照八省协议定禀复，每钱一千合银 6 钱 6 分，定为钱价，以给工资。"从知县的判决可以看出，政府对八省会馆的地方管理能力给予了肯定。会馆设立的目的在于加强同籍移民间的联系与互助，使其在一定的社会范围内获得必要的生存空间，这与地方政府对社会稳定的期望相契合。对于地方政府来说，人口相对稳定的基层社会可通过乡约、宗族等社会组织来执行社会管理，而处于流动状态的工商群体必须采用新的管理模式。会馆恰能较好地执行管理，因而得到了地方政府的扶持。然而我们发现政府对会馆没有像对宗族组织那样大力扶持，会馆是移民的产物，人口流动在促进社会发展的同时，隐含着不稳定的因素，因而政府对会馆多采取控制加利用的方式。

三、影响深远

会馆这种官商联络平台的存在，是明清之际的商人挖空心思创造的一种隐形制度形式。

这种制度形式格外清晰地表明，在传统的中国，官商两个群体之间存在着极大的不平衡。商人群体只有依附官府包括官员个人，才可能求得生存和发展。靠自身的经济力量壮大行会的组织力量最终通过市民运动的方式，染指政治权力的途径，在中国似乎根本没有市场，商人甚至不乐于做这方面的尝试。他们更热衷于通过软性的贿赂方式，实现跟官府以及官员个人的结合，从而获得保护以及分享垄断权力。他们为了达到这一目的不惜迂回曲折，通过地缘关系，以会馆之名资助举子，转弯抹角地跟官员，尤其是跟高级官员搭上关系。从某种意义上讲，商人群体的依附性得到了他们自身行为的高度强化。

社旗山陕会馆西辕门

在近代中国，新生的“资本主义”只好一直萌芽下去，从来长不成树。现代工商业只有在清末到民国的一系列法律和制度变革中，才迎来了自己的两个黄金发展期，即1914年—1918年，1927年—1937年，既而成长起新一代企业家群体。事实上腐败的官员并不是一把好的保护伞，基本上没有可靠性。而对公共物品的分享掠夺，官员往往占有更大份额，而且既不承担风险，也不付出成本，在大事不妙的情况下还存在着反噬的可能。

第七章

戏曲艺术　余音绕梁

山西梆子历史悠久。明清时期，随着晋商商帮的崛起和晋商会馆在全国各地的广泛建立，在会馆的推动下，山西梆子获得了长足发展，也深刻影响了当地戏曲艺术的发展。

第一节　晋商会馆　戏曲艺术

山西梆子是一种很具特色的地方戏，是中华民族戏曲宝库中的一朵奇葩。明清时期，晋商大量的经济贸易活动，把山西的民风民情带入各地，促进了中国戏曲文化的交流和发展。

关键词：山西梆子　晋商捧场　戏台

一、山西梆子的发展

明末清初，在晋南蒲州一带，一种通俗易懂、刚健豪放的新腔逐渐形成。这种新腔被晋秦两省的商人带入外地，传至江浙、两广以及云贵川等地，人们称之为“山陕梆子”。

清朝同治、光绪年间（1862—1908），蒲州梆子出现了一位著名的艺人“元元红”郭宝臣，他在北京的演出赢得了梨园同行的高度评价。郭宝臣曾多次被请入宫中，为清代皇室贵胄专场演出，并得到赐黄马褂、赏四品衔的隆遇，红

山西梆子剧照

极一时。晋商经常出塞贸易，也促进了蒙汉民族文化的广泛交流，在内蒙古、河北的一些地方，许多人至今喜欢山西梆子，喜欢晋剧。这是由于19世纪以后，山西梆子随着山西商人进入了各地的繁华市镇，当年的山西会馆就是传播山西戏剧文化的重要阵地。特别是山西梆子在向外省发展的过程中，与当地的声腔结合之后，还演变衍生出一些新的剧种。像河北梆子、山东梆子等戏种，在其形成过程中都曾受到山西梆子的影响。

二、晋商捧场山西梆子

偏僻的临县碛口，清代中期开始成为濒临黄河的商业重镇，那里的百余家商号常年商客云集。每到年关，四方的买卖人聚集到黑龙庙里，聊天，看大戏，尽享耳目之娱。这一活动既营造了节日气氛又传播了传统的戏曲文化。当地因此也留下了许多可供发掘研究的戏剧史料。碛口的老百姓常说：“山西唱戏陕西听。”原因是庙里有一座音响效果奇特的戏台，而位于黄河之畔的黑龙庙与陕西只有一河之隔。可以说建了戏台，组了戏班，商人再出资捧场，戏剧的发展也就有了一定的基础。

山西商人除邀请戏班演出外，还出资组建梆子戏班。咸丰年间（1851—1861），祁县富商渠氏办起了“三庆戏班”。咸丰十年（1860年）前后，榆次聂店富商王越建有“四喜戏班”。民谣有：“四喜班有好戏，秃红秃丑盖山西，人参

延伸阅读

郭宝臣（1856—1918），乳名杆杆，又名栋臣，艺名小元元红、元元红，山西省猗氏（今临猗）县北景村人。3岁丧父，家贫，12岁始入学读书，16岁辍学入襄陵一粮行学商。酷爱戏曲，偶被名师张世喜发现，带至晋中祁县学艺，工生行，未出师即已享名。光绪二年（1876年）进京入源顺和班，不久，声名鹊起，曾赴天津、张家口演出。光绪十四年（1888年）起，领衔义顺和班凡12年，为京中山陕梆子之冠，曾多次入清宫演出。光绪二十八年（1902年）以老卸任。此后至1918年，先后在三乐、玉成、瑞庆等班社搭班，经常在广和楼、广兴园、三庆园等处献艺，身价甚高。

山西梆子剧照

娃娃一杆旗，饿了吃的打卤面，渴了喝的一条鱼。”秃红、秃丑、人参娃娃、一杆旗、一条鱼都是艺人艺名。“三合班”约与“四喜班”同时，由榆次王湖村富商在该村的三台店组建。该班培养出的名演员有二八黑（净角）。咸丰年间（1851—1861），徐沟县粮商李玉和，以斗商名义承组戏班“舞霓园”，以重价吸收南北名角与弦鼓师，又请协丰号在苏州织造唱戏服装行头，每年易新，名噪晋中地区凡 20 年。晋东南壶关以贩铁起家的富商王氏，传到第四代王大旦时，一次王大旦与上党“三元班”戏班东家看戏，二人一同在戏房休息时，由于戏班班头和艺人冷落了王大旦，王大旦一时气恼不过，便决心自己出资组建一个压倒所有上党戏班的戏班。他为戏班投资白银十万两，从北京请来落魄翰林编写历史剧《杨家将》等，南下苏杭购置了大量戏装、乐器，重金聘请其他戏班的好把式，再从晋城、高平一带买回 10 多名聪明伶俐、口齿清晰的小青年，训练三年。此戏班除可演出各戏班通行剧目外，又排练了十多种新剧目，定名为“十万班”。从此“十万班”成为上党地区剧种最全、演员阵容最强大、戏装道具最多的戏班。当时在上党地区有这样的说法：如无十万班唱戏，再大的喜事也不能算办得红火热闹。可见十万班声誉卓著。十万班最兴旺时，有特制大戏箱 24 驮（48 箱，当时一般戏班只有 3 到 5 驮，即 6 到 10 箱），演员 100 多人。因演职人员多，王大旦又将戏班分为三组，各自独立演出。王大旦的戏班演出的剧目有《歧山脚》《黄河阵》《千秋剑》《燕王反朝》《杨家将》等，特别是宋代杨家戏，有数十本，均宣传了爱国思想和民族气节。该戏班有一副对联："谁谓戏无益，辨朝野贤慧，开人知识；果然勤有功，演历代兴亡，长我精神。"这可以说是对该戏班演出剧目的恰当评价。

光绪二十年（1894 年），慈禧太后过 60 大寿，王大旦曾带领他的十万班赴京为太后贺寿演出，受到了慈禧太后的赞扬。十万班由此名震京华，并易名为"乐意班"。光绪元年（1875 年），榆次富商崔玉峰办起"二保和娃娃班"，培养出艺名核桃红、玻璃翠、夜壶五、二蛮旦等名角。光绪六年（1880 年）太谷富商孙氏贷银 2 000 两给戏迷杨成斋，由杨出面办起了"锦霓园"。有民谣称："杨成斋好日能，爱戏办起了锦霓园。"时有"尹财主的胡琴，甲成的板，田桂儿的乱弹唱不完"之说，上述三人都是艺人。光绪十年（1884 年）前后，又有清源县东罗村富商时成盘办起了"小梨园"，培养出一盏灯、七百红、金香翠等名角。尤三儿（孟珍卿），唱腔高昂，表演豪放，被称为山西梆子"小生泰斗"。"太平班"约与"小梨园"同期，由太原济生馆药店创办，培养出

山西梆子剧照

拉面红、说书红等名角。“小祝丰园”由平遥县富商尹二少创办，“小自成班”由徐沟县富商陈玉创办。在张家口一带的山西富商也办戏班，如德和栈掌柜祁县人王肃岐资助名伶狼山红、狼山黑办起了“狼山戏班”。还有一些富商，由爱戏到成为票友，并粉墨登场一过戏瘾。清末张家口的四大票友，皆为晋商。如吴志远，山西忻州人，裕园永商号的伙计，生旦净末丑，样样能演。杨柱，山西太谷人，大德庄商号的伙计，文武场都行。晋中商人从掌柜到伙计，多会唱几句山西梆子。大盛魁商号库伦分号掌柜罗弼臣物色了20多位票友成立自乐班，一切开支由大盛魁供给，逢初一、十五在会馆演出。祁县富商韩子谦，排行五，人称韩五少。父经商于扬州，母王氏为江南昆曲名伶。20世纪30年代，他家在祁县城开设的商号，迫切需要他出面管理，但他视钱财为粪土，视宦海为苦海，终日与晋剧、木偶剧、秧歌艺人往来。他不惜重金购买全部戏装行头，于每年冬季辟锅灶、设暖房，专门请晋剧艺术界名流前来切磋技艺。著名鼓师狗蛮师傅，老年一直由他供养，死后又由他出资埋葬。在韩子谦的支持下，曾成立戏曲研究社，对晋剧的剧本、音乐、声腔、表演艺术等都进行了深入系统的研究和改革。

苏州的全晋会馆，同省内的王家大院、乔家大院等文物景点一样，曾经是山西商人的自豪和骄傲。据说，全晋会馆每遇皇帝诞辰、国家大庆之日，均举行隆重庆典。每年农历正月半，

苏州全晋会馆正殿

苏州全晋会馆戏楼台口上方的精美木雕

都要用整牛、整猪、整羊“三牲”举行祭祀仪式，鸣钟击鼓，极为隆重。庆典或祭祀后，还有盛大的演戏酬神活动。每当经商者生意兴隆，财源丰厚时，也要举办庆贺娱乐活动。中路的古戏台便是当时的演出场地，也是会馆古建筑群的精髓所在。戏台坐南向北，台面高出地面约 2.7 米，边宽约 6 米，围有“吴王靠”，形成 36 平方米左右的正方形。台顶覆盖黑色筒瓦，龙吻脊，飞檐翘角，俊秀柔美。檐口额枋缀饰浮雕，上有双凤对翔、二龙戏珠。金狮倒垂台柱，蝙蝠静伏裙壁。拾级登台，可见戏台顶部正中藻井上的“鸡笼顶”，凹进的穹顶呈内旋式半球体，外径约 3.5 米，深约 2 米。四周由曲木拱搭成架，叫作“阳马”，既起到支撑的作用，又是一种独特的装饰。从底到顶嵌拼如小斗拱状，成环状旋榫，堆叠向上，从上到下，共盘旋 18 圈，犹如编织“鸡笼”一般，故而得名。拱头甩出，共雕成 324 只蝙蝠，漆成黑色，又相间着 306 朵金黄色的云头圆雕。整个“鸡笼顶”用大红底色烘托，顶部正中置一铜质圆明镜，熠熠

全晋会馆戏楼藻井，俗称“鸡笼顶”

发光。它与四方形的台面上下对照呼应，构成天圆地方、天动地静的意境，蕴含方中含圆、静中蕴动、阴阳平衡、对立统一的宇宙哲理。数百只浅雕蝙蝠与数百朵圆雕云头镶嵌在由数百块小木板拼合成的底板上，形成由1 000多块凹凸不平、排列有序的小木板组成的藻井壁。当台上发出的声波聚拢在藻井中时，就由这1 000多块小木板将声波反射到露天剧场的各个方位，以产生余音绕梁的音响效果。

古戏台的后部是供演员化妆候场的后台。两旁与之连接的是长达21米的包厢式东西观剧庑廊，称为耳楼或厢座。庑廊分上下两层，上层女宾席为晋商女眷观戏专座。与戏台南北相望的是巍峨的大殿。原会馆大殿称为“关公殿”，内置关公像。神像前设朱红供桌，平时以瓷制水果为供品；每年关公诞辰及关公忌日，均邀堂名班社演戏酬神。原“关公殿”已于1976年因占用单位不慎失火毁于一旦。现歇山顶大殿是1986年从谢衙前灵鹫寺移建过来的。殿前构筑花岗岩露台，作为观戏主宾席。戏台、庑廊和大殿合围成一个封闭的1 000多平方米的庭院。庭院是中国传统建筑在平面布局上的基本特点，此处独具建筑艺术美感的庭院变成了可三面观戏的露天剧场。美国马萨诸塞州青年乐团的94名演奏员在这里弹唱了中国歌曲《卖报歌》后，声称是来中国后演出感觉最好的一场。柬埔寨西哈努克亲王和莫尼克公主曾在这里观看昆剧、苏剧、评弹。由于包厢与戏台之间有着科学的空间处理，观众可随意选择座位，视线均不会被包厢或戏台的柱子所遮挡。戏台又是三面临空，观众能多方位欣赏演员的表演，将其一招一式尽收眼底，加之藻井的扩音效果，能使演员的自然音质清晰地传递到剧场的每一个角落。当年修复时，建筑大师贝聿铭和中国著名园林艺术专家陈从周先生前来参观，贝先生认为这一戏台造得恰到好处，必定出于高手，特请陈先生代笔题词："三十年前游兹馆，今见重修，老眼为之一明，可喜可颂。"

关于唱堂戏的价格，李绿园的《歧路灯》第十八回里有这么一段，描写的是乾隆末期开封的情况："希侨道：'贤弟一发差了。我们要看戏时，叫上一班子戏，不过费上十几千钱，赏与他们三四个下色席面，点上几十支油烛，不但我们看，连家里丫头养娘，都看个不耐烦。若是饭铺子里，有什么趣处？'"这里的十几千钱是唱堂会的订金，到时得另有赏钱，加上席面钱，得要十两左右的银子。

延伸阅读

藻井是中国传统建筑中顶棚形式之一。一般做成方形、多边形或圆形的凹面，上有各种雕刻和彩画。

第二节　演戏酬神　艺术融合

以节俭为一贯作风的晋商在建筑会馆和演戏酬神方面毫不吝啬，可谓是出手阔绰，其既是商业需要，也是寄托乡情的一种方式。这从客观上也推动了山西戏曲艺术在省外的传播。

关键词：演戏酬神　原因　影响

一、演戏酬神

山西人自来以“勤俭”闻名，为何偏偏在看戏上如此“大手大脚”呢？晋商之爱好戏曲，与“演戏酬神”这一商业习俗有密切关系。

山西商人将关羽视为诚信的象征和保护神。时下饭店、酒楼的厅堂之中大都供奉着一尊关公塑像，也是取吉祥和呵护之意。明清时代，山西商人大凡建会馆必内设关公庙或拜殿。一般情况下，每逢关公诞辰，大多演戏，算是祭祀的一部分，所需费用则由各商户分摊。

最初晋商“酬神”以梆子戏为主，清中期以昆剧为主，再后来京剧、豫剧和秦腔并重。在发展的过程中，“酬神”的演戏慢慢地也就有了“酬人”的功用，看堂戏成了晋商的一种重要公关手段。陈其田在《山西票庄考略》里如此叙述道：“票庄结交王公大人，多在相公下处。相公下处的酒席非常讲究，招待殷勤，屋内布置也甚精致，因为妓馆是下级的交际场，高位者不肯涉足，所以结交大官必以相公下处做媒介。”

延伸阅读

山西梆子，中国戏曲剧种，即晋剧。一般指中路梆子，有时也是山西省流行的中路梆子、北路梆子、蒲州梆子、上党梆子四大梆子的统称。中路梆子源于蒲州梆子，清道光、咸丰年间（1821—1861）已盛行，流行于山西中部、内蒙、河北、陕西部分地区。念口用蒲口，发展过程中吸收晋中地区民歌、秧歌等民间艺术韵调，风格独具。

中国第一家票号——日升昌，坐落于“大清金融第一街”平遥古城西大街的繁华地段

此处的“相公”指唱戏的旦角。约官员于“相公”处，是当时比较高雅的社交方式，从中也透露出晋商经营活动中的一项重要内容。例如日升昌分庄的经理邱泰基在开封、西安分号管事时，就通过看戏的方式与当地的藩台、府台等高官称兄道弟，包揽了当地的官款业务，成为日升昌东家甚为赏识的分庄经理。

演戏酬神更多的时候只是晋商商业活动的一部分，这从以下几个方面可以看出。第一，通过大规模的此类活动显示其商业实力，为在异地更好地稳定商业根基宣传造势。第二，演戏不仅是酬神，也是在娱乐地方，为当地的土著提供

延伸阅读

日升昌是中国第一家票号，坐落于“大清金融第一街”平遥古城西大街的繁华地段，是中国现代银行的开山鼻祖。从清道光初年成立票号到歇业，历经100多年，曾经“执中国金融之牛耳”，分号遍布全国35个大中城市，业务远至欧美、东南亚等国，以“汇通天下”著称于世。

娱乐场所和娱乐机会，拉近土著与客商们的心理距离，为晋商立足他乡奠定更好的群众基础。第三，演戏酬神也是一种寄托思乡情结的方式，通过上演家乡曲目，使浓浓的乡愁在热闹的锣鼓声中得以慰藉。第四，演戏酬神也是惩罚会馆成员的一种方式，如果有违背会馆规约的成员，往往由会馆出面，责令违规者请戏三台，以示惩戒。

二、艺术融合

据记载，从乾隆元年（1736 年）起，每逢庙会，河北梆子、山西梆子、秦腔、昆曲等都会在乐楼演出，可谓舞衣如虹、弦乐似潮，众多外乡艺术与当地踩高跷、跑旱船等民间艺术争奇斗艳，极大地促进了彼此间的文化艺术交融，相传著名的海城高跷、喇叭戏等就是吸收了山西梆子等外来艺术而形成的。

汉口的山陕会馆内戏台对面有可容纳万人的大院，院内东西厢房相向，分上下两层，设有 500 个席位，为昔日看戏的包厢。由此便可知当时戏曲活动场面之盛、范围之大。商路亦即戏路，晋秦豫三省经济的融合，促进了它们戏曲艺术的融合。明清时晋秦客商“致富皆在千里或万里之外”，他们因远离家乡，思乡情结难平，便经常不惜重金邀请家乡戏班到他们所驻商埠演出。因此，各地山陕会馆中多筑有戏台。

关于晋商在开封的生活和经营活动几乎没

延伸阅读

昆曲是元末昆山（今属江苏）一带民间流行的南戏腔调。曲调舒徐婉转，称“水磨调”。伴奏乐器有笛、箫、笙、琵琶和鼓、板、锣等。以演唱传奇剧本为主。表演上注重动作优美，舞蹈性强，具有独特的风格。明末至清前期是昆曲的鼎盛时期，清中叶以后昆曲逐渐衰落。

开封山陕甘会馆戏楼

有任何直接的文字记载，山陕甘会馆内现存的碑刻也全是建馆及修葺之类内容，不涉及其他，但会馆中的戏楼却无意之中透露出一些相关的消息。开封山陕甘会馆保留下来的部分虽然不大，却有三个戏台。2007 年，时任山陕甘会馆馆长的田沛介绍说，会馆里有一座大戏楼，还有两个唱堂会用的小戏台，这些还都是在乾隆盛世时建成的。唱堂会时，女眷或客人一般多坐在堂屋里观戏。若来人多时，男人则坐在屋檐下。那边是锣鼓喧天，这边是摇头晃脑，一边在咿咿呀呀，另一边喝着茶水、嗑着瓜子……舒适、惬意。当然堂会不是天天都有,而且要唱也得寻个名目和理由。比如“庆寿”“满月”“还愿”“喜丧”等，也有商人之间比阔斗富的，还有商人、官僚互请看堂会的。

晋商会馆戏台多数与神庙相对，所以会馆戏台演剧的祭祀意义是不言而喻的。在北京的山西颜料会馆《重修仙翁庙碑记》说：“他如乐亭厢廊，楼阁层叠，凡所以妥神灵而肃拜瞻者，前人之缔造，其谋盖深且远矣。”因此，定期和不定期地举办地方戏演出活动已成为会馆职能的一部分。每到喜庆节日，晋商会馆必演戏以酬神。一以祈祷神灵保佑生意兴隆发财添福；二以巩固晋

多伦山西会馆大戏台

商内部的团结。当然更为直接的原因是他们借这样的机会观赏家乡戏以慰藉自己那浓郁的思乡情。这种酬神戏一般会非常隆重热闹，所请戏班必为当地的梆子名班，如果当地没有好的梆子戏班，他们常常不惜重金，千里迢迢将家乡的名班和名伶邀来演戏。因此，可以说会馆的戏剧演出是一种祀神、娱神的活动。

在晋商的发展、会馆的扩展以及晋商对外宣传和形象的塑造过程中，戏曲发挥了举足轻重的作用。为了使晋剧更悦耳动听，更适合当地人的口味，商人们做了大量的工作。他们买来蒲州的孩子，请来蒲州的师傅在当地教戏，然后自己掏钱组建一个戏班子，当时叫字号班（也就是非常阔绰的，非常讲究的，设备、演员装备非常精良的班子）。在这个过程当中，商人用他们的欣赏口味，市民精雅的要求，开始打磨比较粗犷的蒲州梆子。打磨的结果，使得现在的晋剧，在听起来的时候，那种热耳酸心的感觉，就要弱一些，使得现在的晋剧风格具有了柔婉细腻的一面，在四大梆子当中，晋剧风格最为柔婉，这和商人的欣赏口味有很大的关系。

第八章

会馆精神　昭示后人

会馆的主要功能是“笃乡谊，祀神，联嘉会”，因而每年会馆都有定期的祭神、演戏等活动。商人们把会馆看作家庭的延伸，在这里，人们商议筹集资金、抽捐等事宜，甚至建立义园，建停灵房，料理客死他乡商友的后事。晋商就是在这种亲缘集团的基础上发展为地缘组织的，其中蕴含着昭示后人的会馆精神。

第一节　同舟共济　乐善好施

晋商是一群具有群体精神的商人，他们讲义气、讲相与、讲帮靠，是由父兄、朋友、乡邻、家族组成的一股经营力量。晋商会馆就是其在异地互帮互助、相互联系的纽带。

关键词：同舟共济　乐善好施

一、同舟共济

清朝乾隆末年，在典当业中已出现了“江以南皆徽人，曰徽商；江以北皆晋人，曰晋商”的说法。清后期，山西票号在国内 80 多个城市设立了分号，从而形成了一个汇通天下的汇兑网络，也是以乡人为主体形成的山西商人群

山西票号创始人雷履泰故居后院

体。他们有难就帮，不分商号，不分行业。

清末，山西票号的汇票兑现，原是“认票不认人”的。只要汇票是真的,不管谁持有此票,见票给钱。商人们之间相互信任，票号的信用也较好,因而为了方便,有的汇票并不直接兑换,而是相互转让，成了市场上流通的票据。但是洋人进入中国之后，事情却有了转变。1898 年，众票号商在山西汇业公所董事白云纬、范家俊的带领下，“齐心一力向各宪呼吁”，终于将“认票不认人”的规矩改成“认票又认人”，制止了恶势力钻空子。

在不同的行业，晋商相互帮衬的事也时有发生。1900 年，八国联军进攻北京，到处烧杀抢掠。老字号瑞蚨祥绸布店被一把火烧光。绝望之中的瑞蚨祥掌柜找到日升昌的北京分号，日升昌分号掌柜梁怀文热情地接待了他，还爽快地一次性给瑞蚨祥贷款白银四万两，使瑞蚨祥二次创业成功。其实在当时，商号之间借钱，若实在无力偿还，一笔勾销的也不鲜见。在会馆的协调和见证下，晋商带着情谊完成了各种商业操作。

晋商是一群具有群体精神的商人，他们讲义气、讲相与、讲帮靠，是由父兄、朋友、乡邻、家族组成的一股经营力量。比如鼎鼎有名的祁县乔氏家族，在乔映霞当家之后，更加注意兄弟之间的和谐相处。一次在饭桌上，九弟映庚与五弟映和因为小事争吵起来，甚至大打出手。乔映霞对映庚说:“听说你武功不错，能

延伸阅读

北京瑞蚨祥绸布店开业于清朝光绪十九年（1893 年），是享誉海内外的中华老字号，为旧京城“八大祥”之首。北京城流传多年的歌谣“头顶马聚源、身穿瑞蚨祥、脚踩内联升”是瑞蚨祥名满京城的生动写照。

乔家大院

位于山西省祁县乔家堡村，是清代商业金融资本家乔致庸的宅第。该建筑群体现了中国清代北方民居的典型风格，被专家学者誉为“清代北方民居建筑的一颗明珠”。现为全国重点文物保护单位

用四个指头把这双筷子折断吗？要是不能，就别在家里和兄弟逞英雄。”映庚轻而易举就折断了筷子。接着，映霞把桌上吃饭的九个兄弟的筷子都收起来，然后递给映庚说：“这次还用手折，折不断就不要在外面和别人争斗了。”大伙这才明白，映霞用历史典故告诉兄弟们，只有齐心协力，才能立于不败之地。因此，为了团结合作，山西商人们捐资建各种同乡、同行会馆，协调商号间的关系。根据调查，山西商人的会馆遍及北京、河北、东北、山东、安徽、广东、江苏等地。

二、乐善好施

晋商会馆的成立不仅仅有联络同乡、规范经营的目的，还在捐资助学，为同乡商人养老送终、扶危济困等方面起到了积极的作用。

晋商会馆的设立使得贸易活动较前更为活跃。这样一来，便造成商贾长年在外的局面。这使得他们很少有时间督促子弟学习文化知识，再加上还有

乔家老照片

一些同乡少年无力上学，于是会馆便筹建义塾、义学，延师教授。明代以前，山西运城盐商就办有商人子弟学校。清道光年间（1821—1850），晋商会馆出资兴办了所谓“四大义学”，同治七年（1868 年）以后，私塾进一步发展。他们对子弟教育，除四书之外，还学习珠算、《千家诗》《幼学琼林》《尺牍》等。旅蒙商人还对职工进行俄罗斯语、蒙古语、维吾尔语的培训，以提高商人的语言适应能力。他们又通过师徒关系进行业务教育，提高年轻商人的业务能力。

老有所养是每一个人都企盼的，但晋商所从事的长途贸易，时间久，风险大。为了免其流落外乞，会馆购置了大量义庄、义田，将其出租给同乡和他人使用，将收入的一部分用于按期发放鳏寡老人的赡养费用。通过同乡之间的救助，有力地弥补了封建社会养老措施之不足，甚至成为养老保障最有力的社会基础。视死如生是中国人的传统，对那些身后无子无力归葬故里的同行来说，葬于义冢犹如长眠在家乡的土地上，也足以遂其叶落归根之心愿。会馆“专寄同乡、同业旅榇，不取寄资，俟购得冢地。再行代为掩埋，以成其善”“以慰行旅，以安仕客”。一旦旅外之人“横遭飞灾，同行相助，知单传到，即刻亲来。各怀公愤相救，虽冒危险不辞，始全行友解患扶危之谊”。每当同乡在外发生疾病疴痒，会馆便相顾相恤，提供钱财药物。会馆对年老失去工作能力者则会予以救济，对穷儒寒士也会提供方便。

由于有了会馆这一较为可靠的保障，免去了商人的后顾之忧，吸引了更多的同乡加入会馆，互帮互助。随着晋商实力的发展，会馆数量的增多，会馆所辖的义园、义地遍布全国各地，极大地推动了这项慈善事业的发展，正所谓“养生送死”，对死者来说是入土为安，对生者来说也是一件心安理得的善事。

封建社会商品经济不发达，地方保护主义严重，加之政府的抑商政策，使得商业经营原有的风险性大增。晋商背井离乡在全国各地进行商贸活动，因经营不当及其他原因导致破产倒闭者不计其数。为了避免同乡流离失所，漂泊异乡，会馆积极加以救助。对经营不善歇业者给予生活补助，并帮其改善经营，提供商业信息，以助再起。对实在无法经营生计者给予路费助其返回故里，对不愿归故里者则帮助其介绍工作。会馆为了加强同乡之间的情谊，还经常举行团拜宴饮，聚会祭祀。对于同乡之间的争端，同乡与土著居民或它处客民之间的矛盾，均是由会馆牵头加以化解。

走西口

第二节 诚实守信 义薄云天

晋商作为历史上的一个商帮，其每个成员的行为方式、思维习惯、价值取向都从不同角度体现了中国传统文化的核心内容，而作为传统文化的精髓——“仁、义、礼、智、信”也深刻地浸入到晋商的精神世界，内化为其思维和行动的原动力，构成了他们经营和管理思想的核心。

关键词：诚信 教育 建筑

一、信义在会馆诚商教育中的体现

传统文化与晋商会馆对晋商建立信用制度起到了非常重要的作用。晋商会馆除了采用自治规则来增加不守信行为的成本外，还利用其控制的商业渠道和对行业价值理念的引导功能，构建起一整套约束机制。

明清时期产生的工商会馆的基本功能之一，就是“联乡谊，敬神庥”。《重

关王故里

河南辉县山西会馆拜殿内景

修河东会馆碑记》中记载："至初立会馆，先设帝位，兼设财火神以为配，是其敬神即所以尊帝，尊帝即所以笃乡谊也。嘉庆辛酉(1801年)，复置义田六亩，使死者得安，而生者又岁时聚会，以讲枌榆之谊。桂酒兰浆，相持以献于帝前，斯其德何如，而其功又何如也。其在传曰：数典不忘祖。"《浮山会馆碑记》也记载："我乡贸易诸公，每遇朔望，咸集于此，敬脩祀神。虽异地宛若同乡，皆得以敦亲睦之谊，叙桑梓之乐焉。"《重修临汾会馆碑记》中写道："北京为首善之区，商旅辐辏之地。会馆之设由来久矣。揆前人创造之初心，非仅为祀神宴会之所，实以敦睦谊，联感情，本互相而谋福利，法良意美，至是多也。"

由于关羽是山西解州人，是晋商心目中"信、义"的象征，所以山西人每到一地经商，一经发展便集资修建关帝庙。这些关帝庙既是会馆的办公地点，又是晋商开会议事的场所。晋商会馆不但尊关云长为财神，还以关公的义气教育约束同行，以关公的“信”来取信于顾客，摒弃欺诈等行为。这样以“地缘”关系为基础而建立的商帮组织，以“关羽”为共同的精神支柱来团结与规范晋帮成员，从而形成了一种“拟家族”式的忠诚意识和集体主义观念，进而构成重义务、重责任、牢固和谐的商帮内部关系。晋商把共同的价值观念和道德意识内化为其商业活动的精神动力及智力支持，使得传统的信用文化起着类似于法的规范、约束作用。总之，晋商会馆的信用约束营造了比别个企业之间的信用关系更高一个层次的信用环境。会馆建立在信用基础上的商业习惯有效地促使晋商企业赢得建立在诚信基础上的长期利益。

注重思想教化，营造“诚信”文化氛围，树立诚商良贾形象。会馆本身是流寓异地的商人在客地张扬本土文化的场所。明清之际在整合市场秩序中，晋商会馆除了在制度层面制定行规业律，规范市场行为外，更注重思想教化

河南安阳山西会馆仅存的关帝大殿

的道德引导作用，“百行买卖，厚其生，利其用，未有不先正其德者”。因此，会馆通过神灵祀拜和营造“诚信”的会馆文化氛围，对本帮商人进行诚商良贾的思想教化，从思想和道德层面规范商人的市场行为，使其树立起敬业、重名、乐群的经营理念。神灵祀拜是会馆进行“诚商”思想教化的重要内容。市场经济条件下，竞争激烈，经商风险很大，商人们很难掌控自己的命运，便希冀神灵保佑营谋和顺，发财致富。而会馆正是抓住了商人们这种敬畏神灵的心理，通过祀拜本乡或本行业神灵的活动，从思想上规范市场行为，制裁不规范举措。对此，泌阳山陕会馆《重修关帝庙碑记》有明确说明："商贾……去父母之帮，营利于千里之外，身与家相暌，财与命相关，祈灾患之消除，唯仰赖神明之福佑，故竭力崇奉。”对那些“或有相欺相诈者，因质诸神明以为凭”。因此，明清时代的山陕会馆多祀拜关羽，山陕会馆一般被称为“关帝庙”或“三义宫”。这不仅是因为关公是山西人，陕西是关公改姓之地，也不仅是因为关公是武财神，更重要的是关公身上所体现的忠贞不贰、匡扶正义的人文精神，以及关公封金挂印、不取不义之财又神勇无比的人格力量，正符合商人期盼经营和顺的现实需要。营造“诚信”的会馆文化氛围，使商人在参加会馆活动时，从各方面接受“诚信”文化的教育，从而树立起诚商良贾的市场形象，是会馆进行思想教化的又一内容。

二、诚信在会馆建筑中的体现

明清山陕会馆在会馆设计、会馆文化装饰方面，刻意突出“诚信”这一中国传统商业美德。会馆内无论砖雕、木雕、石雕处处洋溢着商家“以诚为本，以信取利”的价值观念，使得商人在参加会馆活动时，处于民族优良文化的包围之中，于潜移默化中既陶冶了情操，又提升了精神境界。下面以山东聊城山陕会馆为例介绍诚信在会馆建筑中的体现。聊城山陕会馆山门上端正地书写着“履中”“蹈和”

四个斗大的字，告诫商人做生意要按规矩办事，不可投机取巧，要以和为贵。入山门便见戏楼，其外侧檐柱上的楹联为“结五万春花，奏雅宣和，无戾风骚称杰构；谱大千秋色，镂金错彩，有裨世教既奇观”。其意思是这精美的舞台上演奏的是无害社会风气的美妙乐章，观看这样的剧目，既有利于对人们进行传统道德教化，又有益于提高人们的思想文化修养，其文化教育作用显而易见。戏台对面为关帝大殿，外柱上刻有阴文楹联：“非必杀身成仁，问我辈谁全节义；漫说通经致用，笑书生空谈春秋。”告诫商人不必空喊杀身成仁，而要能像关公那样节义双全，以节制自身的市场行为，符合节义的精神要求。并在楹联上方雕刻有老子和八仙人物以及神仙传、行孝图等传统故事，以引导商人按儒家传统约束自己的行为，不做不仁不义之事。正殿北面的“财神殿”，楹联上刻有“德兆阜财，萃万国物华天宝;行以利涉，庆一时海晏河清”，其意思是商人要依靠良好的商业道德，才能真正发财致富，才能把天下的珍

聊城山陕会馆山门上端正地书写着“履中”“蹈和”

聊城山陕会馆关帝大殿偏后部有一暖阁，供有关帝、关平和周仓三尊雕像

宝聚集在手里;商人要靠正当的行为从太平盛世获利，因此应当庆贺天下太平。并在各类雕刻上镌有“公平交易”，“言不二价”的传统文字。置身其间，处在浓郁的“诚信”文化氛围之中，处处感受到优秀传统文化的召唤力量，这对整合市场不正当竞争行为，提倡“诚信”的商业道德起了很好的作用。

第九章

横向比较　彰显特色

在晋商纵横商场，所向披靡之时，同在中华大地上的徽商也正以其雄厚的实力征战于各地。所以在中国范围之内，晋商会馆与徽商会馆有很大的可比性。而同一时期，西方世界也在进行着如火如荼的工业革命，西方行会也伴随着工业革命而蓬勃地发展起来了。东西方在当时的交流是相当少的，那么地处世界两端的行会组织又会有怎样的异同呢?

第一节　晋徽比较　特点迥异

中国古代十大商帮，以晋商和徽商规模最大，实力最为雄厚，它们几百年雄视海内、阔步天下而不衰。因此，将徽商会馆与晋商会馆进行简要的比较，可以从另一角度审视晋商会馆的功能及特点。

关键词：地域性　宗族性　儒贾观

一、晋商会馆与徽商会馆的相同点

会馆是明清时期寓居外地的同籍人设置的一种社会组织，地域性是其最基本的特征。入清以后，全国大小商业城镇中几乎都有徽商会馆。徽商会馆的普遍建立对于加强徽州商帮的凝聚力发挥着十分重要的作用。

从社会功能上看，几乎所有的地域性会馆的创建者或修葺者都反复强调会馆的建立，旨在联乡谊，祀神祇，诚义举。这可以说是地域性会馆最为常见的活动内容，最易理解的创设动机。客籍人士要在异乡托足，建立在地域乡帮基础上的势力是最可凭借和依赖的力量，而集结、联合、扩大这种力量，唯有通过联乡谊、祀神祇的形式，以同乡同风、共同的神灵崇拜和宗教信仰来维系和感召同乡人。会馆这一建筑物本身就是乡情亲情的表征。岁时节令，同乡之人，无论关系亲疏，熟识与否，营业异同，语同音，食同风，拜乡土神，演地方戏，思亲之情，乡愁之苦，于此得到慰藉。平时的互通信息，互相照应，互相周恤，互相

延伸阅读

徽商，徽州府（治今安徽歙县）籍的商帮，又称“新安商人”，俗称“徽帮”。徽商，形成于宋，盛于明，衰于清末。

泰安山西会馆关帝庙戏楼

支持，更会使异乡孤客随时随地感受到乡党的可亲可爱。在此基础上，会馆还为社会的发展变迁做出了积极的贡献。

从经济功能上看，会馆加强团体力量，建立商业秩序，既使流寓人员有所依傍，又能在建立和维护商业秩序方面发挥作用。同时，会馆还通过适应社会变迁的详备的规章制度把会馆中人的行为规范在封建统治许可的范围内。会馆还注重对商人良好的商业道德的培养，会馆的神灵亦多为传统美德的化身。

总体上看，会馆是地域观念的产物，同时客观上又不断地强化了地域观念。地域会馆的功能基本上大同小异。

二、晋商会馆与徽商会馆的不同点

明清会馆本身就具有地域性的特征，同时又因其不同的功能侧重而显示出明显的地域差异。

晋商会馆与徽商会馆最大的不同表现在：晋商会馆地域性明显，而徽商会馆宗族性突出。明清时期，徽商会馆遍布大半个中国，不仅商业大埠如北京、南京、汉口、广州等城市无一遗漏，即便在偏僻小镇也不缺少。它们正是徽商网络的支点，既为所在地同邑坐商和途经该邑的行商服务，也为外出徽州人提供食宿方便，有利于当地徽商势力的巩固和扩张。另一方面，徽商最重宗法，举族经商的现象非常普遍。一个商业团体，往往就是一家人或同族人。而其维系宗族血缘关系的方式又是行之有效的，号称“千年之冢不动一抔，千丁之族未尝散处，千载之谱丝毫不紊”。在同乡会馆中，这种纽带起到了基础性乃至根本性的作用，使徽商网络更为坚实牢固，也更具凝聚力和拓展力，从而奠定了徽商集团获取竞争优势的组织基础。

徽州是一个聚族而居的宗族社会，在日常生产和生活中，宗法时时左右着徽州人的思想和言行。清代徽商著名的祁门善和的33个会馆，其会首和成员基本来自于程氏宗族内部，或者说这些会馆基本上是程氏宗族内部成员结成的团体。因此，他们无法不受到宗族的约束与控制。会馆的娱乐、祭祀、教化和经济等无论哪一种功能，最终都是为宗族服务的。因此，徽商会馆主要是宗族势力的联合体，徽商投靠封建政权以宗族关系为基础，徽商凭借宗族势力采取一致行动，进行商业垄断；徽商以宗谱为联络图，通过“四方诸族”来同其他商帮进行商业竞争等等，即所谓“尤睦于亲旧，亲旧每因之起家”。而晋商会馆则以乡土关系为纽带，依靠同乡的

明代壁画《交易图》

延伸阅读

祁门善和是指祁门县善和村，古称六都。六都是位于安徽省祁门县北部、距县城祁山镇约10千米的一个山区村庄，建村于唐末，在宋元明清以来的都图制下，祁门被划分为22个都，该村为“六都”而得名。六都不仅是祁门唯一保留下来的都图制下的行政区划“都”，而且也是徽州唯一保存下来的“都”的建制。六都是徽州大姓程氏宗族聚居村落，历史上的宗族管理与控制十分严格，拥有一整套完整的宗族和村庄管理制度体系，如明代中期制定一直至清初还在执行和使用的宗族管理法规兼籍账记录的《窦山公家议》（八卷本），即是该村程氏宗族严格管理制度的最完整汇编。

力量联结成团体，会馆对外代表地域商帮的利益，其功能的实施都是为同一地域、同一商帮服务的。

此外，晋商会馆与徽商会馆初建的目的不同。通过第二章的分析得知，晋商会馆创建之初就是为商人服务的。明代山西人在北京创建的五所会馆中，有四所是商人所建，清代的晋商会馆都是由商人建立的。因此，从建立之初，晋商会馆就带有明显的商业性质。

而徽商会馆则不同。北京的徽商歙县会馆始建于明嘉靖三十九年（1560年），是史志资料记载的最早的县级会馆，始称“崇义馆”，由旅京歙县杨忠、鲍恩首倡捐资筹建。嘉靖四十二年（1563年）建成，为三进九室建筑，鲍恩亲自题额。清代歙人黄履灵，由刑部官至武汉黄德道时，将其在北京宣武门外之官邸捐为歙县会馆。北京歙县会馆有公设规条：“专为公车及应试京北而设，其贸易客商，自有行寓，不得于会馆居住以及停顿货物。”可见，歙县会馆是旅京应试者的暂居地和官员团拜的场所。明万历年间（1573—1620）在京建立的休宁会馆，与歙县会馆一样，“二者都是专为公车及应试京北而设”，并不许商人使用，休宁会馆规条：“会馆乃冠裳之地，不得借贮凭物。”从中可以看出，徽商会馆起初是朝考接待、官宦寓居之地。随着徽商的发展，大批徽人旅外，会馆功能也逐渐扩大，并逐渐成为徽州人旅外的主要落脚点，成为徽州人“亲和力”“凝聚力”和“创造力”的大本营。

昆曲

再者，晋商会馆与徽商会馆不同的“儒贾观”决定了两者功能的侧重点不同。人们评价徽商“贾而好儒、贾儒结合”，是亦商亦儒的儒商。他们靠读书的优势，由儒而商，由商而官，官商互济。所谓“左儒右贾”的徽商，看似儒贾并重，实质却是重儒轻贾。全国各地的徽商会馆中，常有“几百年人家无非积善，第一等好事只是读书”的楹联，这正是徽商的心志表白。徽商不仅自己贾而好儒，而且十分重视对下一代的培养。他们业贾致富后，总是让儿孙读诗书、“就儒业”，不惜代价，务求成功。他们兴建书屋，购买书籍，以重金延师课子，或者亲自督促子弟读书，或者兴办义学，教育本族子弟，更有甚者则兴建书院或捐资书院，也有资助本地本族子弟参加科考的。重教兴学已成为徽商会馆的一种风尚，这种风尚历经几百年，代代相传，经久不衰。

晋商则不同。晋商打破了“儒为名高，贾为厚利”，贵贱有别，目标不一的封建观念，而提出了“贾可习儒，儒亦可贾，贾也可士，士也可不失贾业”的儒贾相通观。晋商之所以繁荣，就是将儒家思想活学善用在贾道上，从而形成了一个具有相当文化底蕴的商人群体。晋商在儒和贾的选择上，与徽商恰好相反，认为经商致富是光耀门庭，诗书功名一文不值。因此，晋人摒弃旧俗，褒商扬贾，以经商为荣。晋商一改“学而优则仕”为“学而优则商”，把儒家教育的诚信、仁义精神引入商界。鉴于以上不同的“儒贾观”决定了在重教兴学、助学济困等社会功能方面，徽商会馆比晋商会馆表现得更为突出。

民国时期，晋商当铺学徒在秉烛夜读

第二节 晋欧比较 不同属性

作为近代的社会经济组织之一，行会曾在很大程度上控制了西欧城市的经济生活，时间长达数百年之久，西欧大部分城市都出现过行会组织。

西欧行会史的上限可以一直追溯到中世纪城市的复兴之时甚至更早，下限则越过了18世纪的产业革命，仅此时间跨度就足以表明行会在西欧经济史中的重要地位。西欧各国的行会都曾随着生产力水平的不断提高而改变自身的组织形式，大致经历了商人行会、手工业行会 、公会等三个发展阶段。由于会馆属于行会组织，是行会的表现形式。因此，本节将晋商会馆与西欧行会进行比较，以期探讨晋商会馆与西欧行会的不同路径选择。

关键词：商业性　地域性　行业性

一、晋商会馆与西欧行会的相同点

晋商会馆与西欧行会的性质基本相同，两者都是商业性组织。西欧行会组织的第一种形式之所以被称为商人行会，原因在于其职权范围主要局限在商品交易方面，且其成员基本上都兼有商人的身份，即使直接生产者也不例外。商人行会和后来的手工业行会、公会不同，每个城市只有一个，它基本上是由其所在城市从事工商业的市民组成。西欧早期中世纪城市首先是作为一个经济实体而存在的，大多数市民都必须务工、经商才能维持生活，同时也只有这样才能保持其市民的身份，因此他们必然构成了商人行会的主体。因此，晋商会馆和西欧行会都具有商业性质，属于商业性组织。

因而，不论是晋商会馆，还是西欧行会，

延伸阅读

产业革命：又称“工业革命”，指以手工技术为基础的资本主义工场手工业过渡到采用机器的资本主义工厂制度的过程。机器大工业的建立，为资本主义制度奠定了物质技术基础，使资本主义制度最后战胜封建制度而居于统治地位，同时也使资本家加强了对工人的剥削，加深了资本主义基本矛盾。

作为商业性组织，其经济功能大同小异。如西欧行会的经济功能也是对外拥有就业垄断权和协调利益权，对内则实行超经济的强制性管理和监督，而且都通过一系列的行规业律来实施其经济功能。金志霖在《论西欧行会的组织形式和本质特征》中记载："1454 年，律贝克皮革匠行会章程规定：'师傅在整个一年中所硝老牛皮，不得超过 415 张，小牛皮不得超过 520 张，山羊皮不得超过 300 张。凡违犯这项规定者，每张应付 3 个银马克罚款。'"由此可见，两者在实施经济功能方面具有某种程度的相似性。

二、晋商会馆与西欧行会的不同点

晋商会馆与西欧行会最大的不同表现如下：晋商会馆地域性明显，而西欧行会行业性突出。

我们知道，晋商会馆地域性明显，是乡土关系的凝结。明清时期晋商在北京的 53 个会馆都是不同地域的商人的联合体，河南和归化城的会馆也都是地域性的商业组织。北京的山西临汾会馆《重修临汾会馆碑记》中写道："北京为首善之区，商旅辐辏之地。会馆之设由来久矣。揆前人创造之初心，非

北京平阳会馆左右厢房

北京平遥会馆

仅为祀神宴会之所，实以敦睦谊，联感情，本互相而谋福利，法良意美，至是多也。”寥寥数语，直截了当地阐明了建立会馆用意之所在。“叙敬梓恭桑之谊”固然不容忽视，但为“时势交迫”之下的同乡商人排忧解难则更显“关系殊重”。在这些商人的心目中，桑梓之谊无疑是应对社会经济形势变化的有效利器之一。而西欧行会很少存在这类带有同乡性质的行会，它们一般都是行业性组织。以英国为例，迄今所见的英国行会资料表明，英国从来没有存在过这类带有同乡会性质的行会。虽然少数行会的部分成员可能来自同一地区，但绝不可能全体成员皆来自同一地区，更不会大张旗鼓地宣扬这种乡土关系。

除此之外，晋商会馆的功能内涵大，外延小，而西欧行会的功能内涵小，外延大。晋商会馆是集办事处、仲裁所、俱乐部、招待所、救济会、戏剧场为一身的明清社会结构变迁的集合体，是社会经济功能的统一体，其功能涵盖社会的各个层面，充分体现了“大会馆，小社会”的特点，而西欧行会组织作为纯粹的商业性组织，更侧重于经济功能。

晋商会馆的经济活动范围比西欧行会的经济活动范围小。晋商会馆的活动范围及其功能的实施都限于会馆成员或者与会馆有密切关系的范围之

晋商小物件

内，仍然属于自然经济的范畴。西欧行会基本上已经脱离了自然经济的轨道，步入了商品经济的范畴。行会成员大都追求交换价值，由此决定了他们所从事的经济活动的性质。有时生产者同时兼有商人的身份，他们必须在市场上购买原料，出售成品或半成品，所以他们经济活动的连续性依赖于市场的存在，价值规律是他们必须遵循的经济法则。因此，行会经济亦由小商品经济向资本主义商品经济转化。正是由于经济活动性质的变化，行会经济活动的范围明显扩大。同时，为了维护自身的经济利益，行会都十分重视制定相关的市场交易条例，规范市场秩序，规范行会成员的市场行为等。

第三节 晋商会馆之启示

晋商会馆在中国传统社会变迁中，既保存旧的传统又容纳新的社会变迁；体现与传播了地域文化，促使晋商在彼此交流中走向融合；为会馆所在地的经济、政治活动提供了良好条件，同时迎合了当时政府希望社会稳定的愿望。

关键词：地域文化 融合

经济的运行和发展总是在一定的社会制度结构中进行的，而一定的经济阶段则与相应的经济组织制度相联系。明清时期，自然经济占绝对优势，传统商人在封建经济制度的压迫下艰难地维持着简单再生产。在这一时期，以会馆为代表的地缘性社会经济组织是社会工商业的主体和基本组织单位。它们以“联乡谊”“报神恩”“诚义举”为己任，活跃于中国以城镇集市为基点的市场网络之中，使处于封建制度包围之下的商品经济保持着有限的发展。在这里，会馆组织发挥着它作为独立经营单位集合体的最基本功能，即“谋同乡之利益”“维护同乡之信用”；对内联结与合作，对外协调与保护。

晋商研究专家张正明

汉口的山陕会馆春秋楼

首先，晋商会馆是在异地晋籍商人的社会组织。晋商会馆均是由在异地的晋籍商人共议后自筹经费所建立。如在北京的山西盂县会馆，是该县经营氆氇的商人共议建立的组织。氆氇是藏族手工生产的一种羊毛织品，可做衣服、坐垫、挂毡之类。又经同仁共议，定出兴建会馆集资办法，即每售一匹氆氇交一锭银子，经过 9 年的积累，到清嘉庆二年（1797 年），终于购置了一处民房，经修葺成为最初的盂县会馆。汉口的山陕会馆，最初为关帝庙，始建于顺治年间（1644—1661）。康熙二十二年（1683 年），在关帝庙的基础上正式创立了山陕会馆。咸丰年间（1851—1861）因遭兵燹毁坏，同治九年（1870 年）重修。从这次重修费用的筹集，可知会馆的建立完全是商人自行组合。其次，会馆的建立必须向官府申请立案，表现了会馆对封建政府的依附性。再次，如前所述，由于会馆参与地方社会事务的管理，表现了商人与官府的相互依存关系。最后，政府对会馆纠纷予以调解，如承认会馆财产等，以维护会馆利益。

由上可见，晋商会馆是在中国传统社会变迁中，既保存旧的传统又容纳新的社会变迁，含有行业性质的封建商人社会组织。晋商会馆的社会价值，可以归纳为以下两点：

第一，体现与传播了地域文化。晋商会馆的建立，使三晋地域文化得以与别的地域文化进行交流，产生了一种新的地域文化。例如，琉璃瓦是山西的传统产品，在山西的一些庙宇建筑物中经常使用，体现了一种独特的建筑风格。河南的山陕会馆建筑物的正殿、配殿中均使用这种琉璃瓦来覆盖屋顶，使这一会馆的建筑同时具有晋豫风格。又如，在晋商会馆中多建有戏台，逢年过节均要在此演出晋商的家乡戏剧，这种活动不仅对当地戏剧文化产生了一定影响，而且使山西戏剧得以吸取异地戏剧文化，这种交流促进了两地戏剧文化的发展。再如，晋商会馆崇奉和祭祀关羽，在晋商会馆的影响下，其他省的会馆也逐渐崇奉关羽，从而推动了关公文化的发展。

第二，会馆推动商人在彼此交流中走向融合。如山西商人与陕西商人，他们共同在各商埠建立了许多山陕会馆，形成了山陕商联盟，被人们统称为“西商”。有时还有别的地方商人加入山陕联盟，如开封的山陕会馆，在光绪年间（1875—1908）又有甘肃商人加入，最后形成山陕甘会馆。在四川灌县，先后有山陕会馆、湖广会馆、广东会馆、四川会馆、贵州会馆、江西会馆、福建会馆等七座会馆，这些会馆之间经常进行交流、协调，在一些活动中配合行动，人们便把上述会馆统称为“七省会馆”。重庆的八省会馆，有山西会馆、陕西会馆、广东会馆、浙江会馆、福建会馆、湖广会馆、江西会馆、江南会馆等，后来八省会馆共举年首，协调八省会馆之间的关系，并订立了协议，其内容主要是：（1）共同确定与修改帮规；（2）各帮新提议，须经八省年首同意；（3）帮会内发生争执，应由各省会馆内年首协调解决。可见，会馆在某种程度上促使各帮商人在彼此交流中走向融合。

开封山陕甘会馆

尽管会馆在扶持晋商发展商品经济方面起了一定的积极作用，但它毕竟属于发育程度较低的旧式社团。它在内部机构设置、权力区分诸方面都不够明确，封建性、排他性较强，具体表现在以下几个方面：首先，会馆组织和封建迷信结合在一起。每一个会馆，不但是工商业者开会议事的场所，而且也是工商业者共同祭神的地方。这种封建性的会馆组织和迷信结合在一起，充分显示了其落后性。其次，会馆组织不仅限于严格排挤外乡外行人，即在同乡、同行当中，也往往因地而异各自组织会馆。例如山西襄陵在北京的商人，汾河以东的集中在临襄会馆，而汾河以西的商人则集中在襄陵公所。这种以狭隘的地方观念来划分势力范围互相排斥抵制的现象，亦显示了会馆的封建性。再次，周济贫病、养生送死等社会福利保障事业在会馆职能中占有很大比重。每一个会馆组织每年都会拿出一部分经费，作为无依无靠的贫苦同乡的补助费用。每一个会馆组织都设有一处或多处义园，作为同乡死后停灵埋葬之用。这种福利保障事业，在某些会馆组织内部，有时竟达到了喧宾夺主的地位。最后，会馆作为民间自发的社会组织，能有效地执行上述社会、经济功能，是由会馆与封建政府两方面的因素决定的。从会馆本身而言，会馆的建立者们都把建立健康有序的社会状态作为自己的追求，他们一方面为自己的经济政治活动提供良好条件，另一方面又迎合了当时政府希望社会稳定的愿望。从封建政府看，传统的封建体制适用于管理安土重迁、户籍严明、士农工商各安其业的社会格局，对于县以下的基层社会则通过乡党乡族等势力执行管理功能。而对于流动着的并带有经济性行为的商人群体，固有的社会管理体制就显得束手无策，封建政府就不得不绞尽脑汁来寻求对其施以管理控制的新途径。因而，会馆成为封建政府的首选，发挥了管理社会、经济的职能。

河南安阳山西会馆

大殿脊部的龙头大吻，在长满杂草的屋顶上顽强伸出

鉴于这一情况，封建政府对会馆几乎采取了无为的策略。

但是，晋商会馆发展到后期，面对繁重的财政压力以及王朝更迭，清政府认为继续保持无为的策略并不能为其带来既得利益，随即改变了其行为策略，直接介入会馆模式中，使得晋商会馆的自我实施机制发生了转变，呈现无效状态，进而导致会馆的功能无法实现。

再者，随着社会变迁，晋商逐渐失去了昔日的繁华，走向了衰落。随之晋商会馆本身及其内部原有的道德基础、价值观念也发生了变化，以致会馆无法正常运作。从晚清开始，会馆馆产被盗卖或侵吞会馆公款的事件经常发生，有些居住会馆的同乡人乘机拒不交纳房租。社会动乱也使同乡对捐资逐渐失去了兴趣，摊捐拖欠的现象越来越严重。这些都使得会馆原来有效的社会经济功能无法正常发挥，最终走向了末路。

面对各地现存的斑驳陆离的晋商会馆遗址，我们一方面感叹晋商历史的创造力，另一方面又深刻感受到加强对晋商会馆的研究、抢救和保护，是现实发展对社会科学工作者提出的一项重要任务。

河南临颍山陕会馆仅存大殿一座

主要参考书目

成艳萍：经济一体化视角下的明清晋商[M].北京：科学出版社.2013.

冯改朵、刘建生等：西口研究——以杀虎口为中心[M].太原：山西经济出版社.2012.

刘建生、燕红忠、张喜琴等：明清晋商与徽商之比较研究[M].太原：山西经济出版社.2012.

燕红忠：晋商与现代经济[M].北京：经济科学出版社.2012.

燕红忠：中国的货币金融体系——1600—1949[M].北京：中国人民大学出版社.2012.

刘建生：商业与金融：近世以来的区域经济发展[M].太原：山西经济出版社.2009.

刘建生、燕红忠、石　涛等：晋商信用制度及其变迁研究[M].太原：山西经济出版社.2008.

刘建生、燕红忠、王瑞芬等：山西典商研究[M].太原：山西经济出版社.2007.

刘建生、刘鹏生、李　东：回望晋商[M].太原：山西经济出版社.2007.

刘建生、刘鹏生、燕红忠等：明清晋商制度变迁研究[M].太原：山西人民出版社.2005.

刘建生、刘鹏生等：晋商研究[M].太原：山西人民出版社.2005.

刘建生：晋商巨擘[M].太原：山西经济出版社.2005.

刘建生：商谭[M].太原：山西经济出版社.2002.

刘建生、刘鹏生等：山西近代经济史——1840—1949[M].太原：山西经济出版社.1995.

刘建生：中国近代经济史稿[M].太原：山西经济出版社.1992.

……………………………………

刘婷玉：明清山西会馆祀神的社会功能[J]. 寻根，2007，(06).

田承军：泰安山西会馆寻踪[J]. 文物世界，2008，(05).

张正明：明清山西商人概论[J]. 中国经济史研究，1992，(01).

晋商向近代资产者蜕变的问题[J]. 晋阳学刊，2002，(05).

晋商与晋商文化[J]. 中国合作经济，2004，(03).

佐伯富、张正明、孙　耀：山西商人发展的原因[J]. 晋阳学刊，1983，(02).

赵汝泳：明清山西俊秀之士何以“弃仕从商”[J]. 山西大学学报（哲学社会科学版），1987，(04).

左　宝：山西会馆[J]. 文史月刊，2007，(12).

乔润令：传统民俗与山西社会的区域特色[J]. 山西大学学报(哲学社会科学版)，1992，(04).

骆　乐、王云雪：谈谈社旗山陕会馆商文化中的儒、佛、道融合[J]. 安阳师范学院学报，2003，(06).

姜继兴：山陕会馆[J]. 城乡建设，2004，(07).

宋　伦、李　刚：明清山陕商人在湖北的活动及其会馆建设[J]. 江汉论坛，2004，(10).

蔡云辉：会馆与陕南城镇社会[J]. 宝鸡文理学院学报（社会科学版），2003，(05).

王日根：晚清至民国时期会馆演进的多维趋向[J]. 厦门大学学报（哲学社会科学版），2004，(02).

侯宣杰：明清商人会馆中的封建宗族文化探微[J]. 安庆师范学院学报（社会科学版），2003，(01).

武　敏、建　生：遍布天下的山西会馆[J]. 沧桑，2001，(S2).

李　刚、宋　伦：明清山陕会馆与商业文化[J]. 华夏文化，2002，(01).

山陕会馆铁旗杆文化刍议[J]. 华夏文化，2002，(03).

宋　伦：论明清山陕会馆的创立及其特点——以工商会馆为例[J]. 晋阳学刊，2004，(01).

韩全红：中原四大山陕会馆[J]. 旅游，2005，(08).

刘建生、王云爱：山西会馆考略[J]. 中国地方志，2003，(S1).

李　中：清代山西会馆及山西会馆碑[J]. 文物春秋，1995，(03).

河北辛集市发现山西会馆碑[J]. 文物世界，1995，(02).

张韶梅、张华军：论清代新疆山西会馆[J]. 新疆职业大学学报，2002，(03).

沈　琨：斜阳旧影里的晋商会馆[J]. 寻根，2003，(02).

宋美云：天津山西会馆撷录[J]. 山西档案，2006，(04).

谷建华：多伦县山西会馆[J]. 内蒙古文物考古，1999，(02).

张子和：山西大清银行的来龙去脉[J]. 文史月刊，1996，(04).

商雅琼：浅析明清晋商的教育价值观[J]. 考试周刊，2009，(40).

明清晋商的伦理道德教育与晋商的成功[J]. 山西档案，2007，(02).

许　檀：清代中叶的洛阳商业——以山陕会馆碑刻资料为中心的考察[J]. 天津师范大学学报（社会科学版），2003，(04).

张继平：百年前山陕会馆的那个夜晚[J]. 走向世界，2007，(20).

李国光、李晨光：万里茶路探晋商[J]. 文史月刊，2007，(09).

李　瑛：从山陕会馆看山西之富[J]. 山西档案，2004，(04).

师冰洁：从地方志看明清时期晋商的宗亲慈善活动[J]. 重庆教育学院学报，2007，(05).

王秀玲、万　强：明清时期晋商家族教育浅析[J]. 历史教学(高校版)，2007，(04).

李国光：寻找晋商会馆[J]. 文史月刊，2007，(04).

三　皮：一段关于会馆的历史[J]. 书城，2007，(10).

万江红、涂上飙：会馆的社会影响初探[J]. 武汉大学学报（人文科学版），2001，(02).

乔　南、许晓川：对晋商重视教育的深层次讨论[J]. 山西广播电视大学学报，2003，(01).
张晓笛：晋商会馆——山西商人的精神家园[J]. 艺术教育，2007，(07).
刘军丽：晋商与关公崇拜[J]. 四川烹饪高等专科学校学报，2006，(04).
郎咸平：解读晋商成功[J]. 意林，2009，(04).
晋商为何如此富有[J]. 剑南文学（经典阅读），2009，(05).
余秋雨：抱愧山西[J]. 山西档案，1996，(05).
夏　雨：手工业：晋商崛起的摇篮[J]. 山西青年（新晋商），2008，(09).
燕　然：《山西商人研究》出版[J]. 晋阳学刊，1987，(01).
徐允信：山西潞商与潞绸[J]. 北方蚕业，2007，(02).
马　伟：晋商成功之道（连载五）[J]. 文史月刊，2007，(02).
韩晓莉：新旧之间：近代山西的商会与行会[J]. 山西大学学报（哲学社会科学版），2005，(01).
曹莉萍：重商主义和天津商会[J]. 北京理工大学学报（社会科学版），2004，(02).
孔祥毅、张正明：晋商精神[J]. 沧桑，2001，(S2).
任满军：中国近代商会的产生及其法律职能[J]. 江苏警官学院学报，2005，(03).
李柏槐：民国商会与同业公会关系探析——以1929—1949年的成都市为例[J]. 四川师范大学学报（社会科学版），2005，(02).
虞和平：清末民初商会的商事仲裁制度建设[J]. 学术月刊，2004，(04).
严建苗、刘伟峰：近代中国商会的制度分析[J]. 商业研究，2002，(16).
刘华光：商会的产生与演进：一种基于制度的分析[J]. 财贸经济，2005，(06).

后 记

随着中国社会主义市场经济的发展和改革的深入，我们的经济出现了很多深层次的矛盾和问题，特别是在规范市场秩序和维护市场参与者利益方面出现了一些不足。在弥补这些不足的过程中，我们必须思考一个问题：在设计的新制度体系中，政府是主体还是市场是主体，抑或是其他？在以往的发展经验里，我们已经意识到政府对市场的过多干预必然导致社会交易费用的增加，带来资源配置效率的低下。而单纯依靠市场设计和完善制度，又容易产生时滞和短期混乱，因为当前的社会法制保障体系还不能完全满足市场自发运作的需求。

在矛盾和困惑中我们欣喜地发现，以晋商会馆为代表的商人组织在很大程度上满足了我们今天需要的一些组织职能，能够对规范行业行为和维持工商业秩序起到积极作用，甚至能够对稳定整个社会基础产生深刻影响。因此，从以前的商业组织中汲取科学合理的成分，与时俱进，设计新型商业组织，以适应社会主义市场经济深入发展的需要，不失为一条可行的改革思路。

在编写本书的过程中，我们借鉴了大量前辈们的成果，但囿于编写体例，很多引用的参考文献并没有在文中标注，只是在文后的《主要参考书目》中列举。在此对各位作者表示深深的歉意，同时也对各位前辈表示深深的感谢。

跋

明清晋商在中国商业舞台上活跃的时间之长、影响之大，是空前的。然而历史的车轮无情地碾过那段令人激奋和无奈的岁月，只留下斑驳的记忆和深深的叹息。如何重拾昔日辉煌、重振晋人精神，如何改变百年封闭思想、形成晋人与时俱进的理念，如何挖掘历史文化遗产、实现文化强省，如何改变外界对山西的偏见、重塑山西的时代形象，成为当代有识之士急于破解的难题。

在国家日益重视文化对社会发展的重要意义的背景下，正值山西省省委、省政府大力推动文化产业发展的良好历史机遇，2008年初夏，时任山西教育出版社社长的荆作栋以敏锐的市场把握和独特的文化视角，结合晋商出版物的现状，将晋商文化的挖掘和传承作为出版工作的一个切入点，提出做一套能全面展示晋商文化图书的出版思路；山西大学晋商学研究所近二十年来一直致力于晋商研究，曾先后出版相关专著十余部，发表相关论文二百余篇。鉴于此，张沛泓、杨文两位编辑在多方调研和充分论证的基础上，最终确定与山西大学晋商学研究所合作，以《晋商五百年》丛书的形式，将近年来晋商在各方面的研究成果进行整合，以通俗和生动的方式图文并茂地展示给广大读者。山西大学晋商学研究所在深入思考和集思广益之后，决定全力以赴做好这套书。相信这必将有力地推动晋商文化的宣传和普及，更好地满足文化市场发展的需求。

随着晋商研究的深入，晋商学作为一门独立的学科已经粗具规模，其研究的外延亦不断扩大。《晋商五百年》丛书主要从经营行业（盐商、典商、票商、茶商、粮商等）、会馆、家族、教育、公司、建筑、经营、镖局、走西口等方面，对晋商现象进行概括性描述，基本可以反映出明清晋商的全貌。在本丛书的各分册中，对晋商饮食起居、书法戏曲、官商关系、社会公益以及特有的商业习俗等也都有所涉及。

《晋商五百年》丛书十四册的编写历经五年有余，经过出版社同志们的辛勤劳动和各分册作者的共同努力，终于可以付梓出版了。丛书作者为山西大学晋商学研究所、历史文化学院、经济与管理学院、教育学院和体育学院研究晋商学的老师和研究生，他们分别从自己研究的领域和视角对晋商现象进行了介绍。在五年多的编撰过程中，出版社编辑和作者两方多次探讨，反复修改，几易其稿，达成共识；特别是在丛书整体的文字表达上，尽量使用通俗的描述语言，并配以内容丰富、形式多样、涉及范围广的“延伸阅读”，让各册内容更加丰满，知识涵盖面更加广泛。在此，对各位著作者的辛苦工作表示敬意。

山西教育出版社编审委主任张沛泓、项目部主任杨文在本丛书的论证、策划、立项、组织等方面做了大量工作，并在成书的过程中积极推动，在此对她们的敬业精神表示钦佩。各册责任编辑为使图书更加美观形象、内容更加生动丰富，通过各种渠道搜集和拍摄了大量图片，下了很大功夫，也付出了很多心血。山西教育出版社美术编辑刘志斌在丛书的装帧设计、正文图片的统筹和编排等方面做了大量工作。在此对山西教育出版社相关领导和编辑们的敬业精神和辛苦工作表示崇高的敬意和衷心的感谢。

在本丛书的编写过程中，我们参考了大量学界前辈和研究同仁的研究成果，但囿于体例和篇幅限制，不能全部一一标列，在此对各位作者表示诚挚的感谢和深深的歉意。由于本丛书有的分册是师生合作编撰，其中在结构安排、行文内容等方面还有一些尚需斟酌之处，恳请各位读者指正和谅解。

刘成虎

于山西大学晋商学研究所

鸣 谢

为全面形象地宣传、展示晋商文化，本丛书在编辑出版过程中编配了一些相关图片，我们希望取得摄影者的授权，但囿于时间、条件的限制，部分图片未能事先与摄影者取得联系。在此，我们对相关摄影作品的作者表示歉意并恳请能及时与我们联系。本丛书图片的提供者有梁铭、荣浪、薛菲、刘志斌、高春平、刘成虎、刘映海等，并得到北京晋商博物馆、山西财经大学晋商博物馆、山西省博物院、太原晋商博物馆、山西近代矿史研究会、保晋公司纪念馆等单位的大力支持，在此一并致谢！